Kennst du die?

Entdecker, Erfinder, Herrscher und Künstler
und wer noch die Welt verändert hat

Manfred Mai

Kennst du die?

Entdecker, Erfinder, Herrscher und Künstler

und wer noch die Welt verändert hat

Band 1

Mit Bildern von Dieter Wiesmüller

TULIPAN VERLAG

Inhalt

Worterklärungen Seite 218

Begriffe, die im Text kursiv gesetzt sind, werden am Ende erklärt. Wird innerhalb der einzelnen Biografien Bezug auf eine ebenfalls in diesem Buch vorgestellte Person genommen, ist deren Name fett hervorgehoben.

Vorwort

Es gab in den vergangenen 2500 Jahren so viele bedeutende Menschen, dass ihre Lebensgeschichten nicht alle in ein Buch passen würden. Auch nachdem wir uns entschlossen haben, zwei Bände zu machen, war nicht genügend Platz. Die schwierigste Frage bei der Vorbereitung dieses Werkes war also: Wer muss dabei sein? Irgendwann hatte ich eine Liste mit knapp 300 Persönlichkeiten. Aber es durften eben insgesamt nur 100 sein. Deswegen musste ich Namen um Namen streichen.

Bei manchen war ich lange Zeit hin und her gerissen, habe sie erst weg-, dann wieder dazugenommen und während der Recherche endgültig gestrichen. Von anderen habe ich erzählt, die fertigen Texte aber dann doch nicht aufgenommen. Zu ihnen gehört der Prophet Mohammed. Und das hat einen besonderen Grund: Das Konzept des Werkes sah vor, dass der Künstler Dieter Wiesmüller die 100 Menschen im Porträt darstellt. Weil der Prophet Mohammed nicht bildlich dargestellt werden darf, wir aber nicht »eine« Ausnahme machen wollten, mussten wir leider auf ihn verzichten – obwohl man ihn und seine Botschaft wirklich kennen sollte.

Das entscheidende Kriterium für die Aufnahme in das Werk war, dass ein Mensch etwas zum ersten Mal gedacht, gemacht oder geschaffen hat. Dass manche das ohne die Leistungen anderer nicht geschafft hätten, ist keine Frage. So konnte zum Beispiel Neil Armstrong nur als erster Mensch den Mond betreten, weil viele Wissenschaftler und Techniker dafür jahrelang »Vorarbeiten« geleistet hatten. Aber er war eben der erste Mensch auf dem Mond, deswegen wird von ihm erzählt.

Ich wünsche allen Leserinnen und Lesern, dass sie an seiner Geschichte und an den Geschichten der 99 anderen Menschen viel Freude haben – und alle am liebsten noch besser kennenlernen möchten.

Manfred Mai, im April 2014

ΙΛΙΑΣ

Homer

(8. Jh. v. Chr.)

Die »Ilias« ist das älteste Werk der europäischen Literatur. In ihr wird die Geschichte des Trojanischen Krieges erzählt. Rund zweieinhalb Jahrtausende galt das Werk als reine Dichtung.

Um 1830 las ein deutscher Junge namens Heinrich Schliemann (1822–1890) die spannende Geschichte vom Kampf der Griechen gegen die Trojaner – und glaubte jedes Wort. Er war auch überzeugt, dass die mächtigen Mauern von *Troja* nicht niedergebrannt waren. Niemals! Troja gab es noch und er würde es finden!

Nachdem er als Kaufmann zu sehr viel Geld gekommen war, erfüllte sich Schliemann im Alter von 50 Jahren seinen Kindheitstraum und machte sich auf die Suche nach Troja. Tatsächlich stieß er in Kleinasien auf einem Hügel an den Dardanellen auf die Spuren einer Siedlung, die zu den Beschreibungen in der »Ilias« passten. Heute geht man davon aus, dass es sich dabei wirklich um das sagenumwobene Troja handelte.

Als Schöpfer der »Ilias« und damit als Urvater der europäischen Literatur gilt Homer. Lange wurde bestritten, dass er wirklich gelebt hat. Einige Zeit gingen Wissenschaftler davon aus, dass es sich bei Homer um eine erfundene Person handelt. Dann wurde auch die Meinung vertreten, er sei nicht eine Person gewesen, sondern zwei. Zweifelsfrei konnte nie geklärt werden, wer Homer war, wann genau er gelebt und welchen Anteil er an der Entstehung der »Ilias« und ihrer Fortsetzung, der »Odyssee«, hat. Und wie sein Leben liegt auch seine Herkunft im Dunkeln; schon in der *Antike* beanspruchten gleich sieben Städte, sein Geburtsort zu sein.

Der Geschichtsschreiber Herodot (um 480–424 v. Chr.) ging von »einer« historischen Person aus. Homer soll so etwas wie ein Star gewesen sein, weil er die Heldengesänge vom Trojanischen Krieg beeindruckender vortragen konnte als andere Sänger. Er habe an Fürstenhöfen seine Kunst dargeboten und die Mächtigen seiner Zeit damit begeistert.

Ein anderer, heute unbekannter Geschichtsschreiber verfasste etwa zur gleichen Zeit eine »Vita Homeri«, eine Lebensbeschreibung Homers. Darin berichtete er, der ursprüngliche Name des Sängers sei Melesigenes gewesen; er bedeute »der am Meles Geborene«. Dieser Fluss sei an Smyrna (heute Izmir) vorbeigeflossen. Weil es über die Eltern des Sängers keine eindeutigen Hinweise gebe, sei sogar behauptet worden, er müsse ein »Daimon« gewesen sein, also ein übermenschliches Wesen.

Ein Daimon war Homer sicher nicht. Heute geht man davon aus, dass er in der zweiten Hälfte des 8. Jahrhunderts v. Chr. bei Smyrna in Kleinasien geboren wurde. Der Überlieferung nach erblindete er im Alter, weshalb später oft von dem »blinden Sänger« gesprochen wurde.

Homer hat die Geschichte vom Trojanischen Krieg nicht erfunden. Sie wurde in Kleinasien seit Jahrhunderten erzählt und mündlich weitergegeben. Die große Leistung Homers war, die zum Teil sehr unterschiedlichen Fassungen zu einer Geschichte verarbeitet, zum ersten Mal aufgeschrieben und künstlerisch gestaltet zu haben. Voraussetzung dafür war, dass er mehrere Sprachen verstehen konnte und eine Schrift beherrschte. Beides war für die damalige Zeit ziemlich ungewöhnlich.

Bereits im Altertum galt Homer als herausragender Dichter. Er wurde zum Vorbild und Lehrmeister der fahrenden Sänger, die seine Werke im gesamten griechischen Sprachraum verbreiteten. Die »Ilias« und die »Odyssee« hatten großen Einfluss auf die griechische Sprache, Literatur und *Philosophie* – und nicht nur das: Auch später wurden Dichter und Denker in der ganzen Welt von Homers Werken inspiriert. Für den ungarischen *Philosophen* Karl Kerényi (1897–1973) sind die »Ilias« und die »Odyssee« die ersten Romane der Weltliteratur, »die sozusagen alle späteren im Keim enthalten«.

Bis heute gibt es in allen Weltsprachen Übersetzungen und Nacherzählungen, ebenso zahlreiche Verfilmungen. Denn die Geschichten vom Trojanischen Krieg und von den Abenteuern des Odysseus haben in fast 3000 Jahren nichts von ihrem Reiz verloren.

Buddha

(um 560–480 v. Chr.)

Der Überlieferung nach wurde Siddharta Gautama um 560 v. Chr. geboren; manche Wissenschaftler nehmen an, es sei rund 100 Jahre später gewesen. Doch wichtiger als das genaue Datum ist das Umfeld, in dem er lebte.

Prinz Siddhartas Vater regierte ein kleines Königreich im heutigen Grenzgebiet zwischen Indien und Nepal. Der Prinz wuchs in einem prächtigen Palast umgeben von Luxus auf. Er hatte alles, was das Herz begehrt – und von den Schattenseiten des Lebens keine Ahnung. Das sollte er auch gar nicht, deswegen durfte er den Palast lange Zeit nicht verlassen.

Schon mit 16 Jahren wurde er verheiratet und bekam später mit seiner Frau einen Sohn. Doch je älter er wurde, desto mehr spürte er, dass ihm in seinem goldenen Käfig etwas fehlte. Er wollte hinaus, um die Welt außerhalb des Palastes zu sehen. Bei drei Ausflügen traf er Menschen, die krank, alt und gebrechlich waren, und er sah zum ersten Mal im Leben einen Toten. Das erschütterte den Prinzen und machte ihn sehr nachdenklich.

Bei seinem vierten Ausflug traf er einen Bettelmönch, der nur besaß, was er am Leib trug, und trotzdem zufrieden war. Diese Begegnung beeindruckte Siddharta tief. Er begriff, dass der arme Mönch glücklicher war als er, der reiche Prinz. Da beschloss er, das Leben im Palast zu beenden. Der 29-Jährige verließ seine Familie, um sich auf die Suche zu machen, ohne schon genau zu wissen, wonach er suchte.

Sechs Jahre lang war Siddharta unterwegs. Er lebte mit Menschen zusammen, die wie er nach dem wahren Leben strebten, einem Leben ohne Leiden. Er traf die besten Lehrer, um von ihnen zu lernen, wie das Leiden zu überwinden sei. Sie verzichteten auf allen Besitz und alle Genüsse und dachten über den Sinn des Lebens und Sterbens nach. Sie lehrten ihn auch, durch *Meditation* zur Ruhe zu kommen. Nun saß er oft unter einem Feigenbaum, um zu meditieren. Dabei vergaß er alles um sich herum und schien nicht mehr in dieser Welt zu sein. Durch die innere Ruhe wurde er hellwach und gelangte zu der Erkenntnis, dass der Kreislauf von Leben und Sterben wie ein Traum ist, aus dem man erwachen kann. Von diesem Zeitpunkt an wurde er Buddha genannt. Das heißt: der vollkommen erwachte, erleuchtete Weise.

Buddha hatte erkannt, dass die Menschen leiden, weil sie immer irgendetwas haben wollen und auf andere Menschen neidisch sind.

Dieses Leiden können sie überwinden, wenn sie sich die Mühe machen, seinem Beispiel zu folgen, und den richtigen Weg erkennen. Wichtig ist, sich nicht von egoistischem Denken leiten zu lassen, sondern bei seinem Handeln auch an andere zu denken. Wer Leiden vermeiden will, muss Gutes tun. Er darf kein Lebewesen absichtlich töten oder verletzen; und er muss die notwendige Ruhe und Wachheit finden, um in der Meditation die Erleuchtung zu erlangen.

Wer es schafft, diesen Weg zu gehen, wird nicht mehr von seinen Wünschen gepeinigt, sondern ist wunschlos glücklich.

Wer dahin kommt, dass er nichts mehr begehrt, gelangt ins »Nirwana«, was »Verlöschen, Verwehen« heißt. Für Buddha ist das Nirwana kein Ort und kein Jenseits; es ist nicht mit Worten zu beschreiben. Deshalb hat er jede Aussage über das Nirwana verweigert. Eines stand für Buddha allerdings fest: Wer ins Nirwana gelangt, hat damit den Kreislauf von Geburt, Tod und *Wiedergeburt* verlassen.

45 Jahre wanderte Buddha durch Indien, verkündete seine Lehre und gewann viele Anhänger. Im Alter von 80 Jahren starb er in Kushinagar, einem Ort nahe der Grenze zu Nepal.

Weil Buddha selbst keine Schriften hinterlassen hat, wurde seine Lehre zunächst mündlich weiterverbreitet und entwickelte sich mit der Zeit zum Buddhismus, einer Weltreligion, der heute etwa 400 Millionen Menschen angehören. Wie um alle Religionsgründer ranken sich auch um Buddha viele Geschichten. Welche davon wahr und welche erfunden sind, lässt sich nicht mit Gewissheit sagen.

先
像

Konfuzius

(551–479 v. Chr.)

Konfuzius ist die lateinische Form des chinesischen Namens Kong Fuzi, was Meister Kong bedeutet. Er war Chinas erster namentlich bekannter *Philosoph*. Seine Lehre, die man später Konfuzianismus nannte, hat das chinesische Denken und Handeln viele Jahrhunderte stark beeinflusst und wirkt bis heute nach.

Konfuzius entstammte einem alten Adelsgeschlecht, das im Lauf der Zeit verarmte. Der Überlieferung nach starb sein Vater, als Konfuzius zwei Jahre alt war. Bei seiner noch jungen Mutter wuchs er in ärmlichen Verhältnissen auf. Vom zwölften Lebensjahr an kümmerte sich sein Großvater um die Erziehung des Jungen. Dieser Privatunterricht dauerte sechs Jahre und beinhaltete das Erlernen und Üben der sechs Künste: Schreiben, Rechnen, Musik, Tanzen, Bogenschießen und Wagenlenken.

Vermutlich liegt in der engen Beziehung zu seinem Großvater eine Ursache dafür, dass es Konfuzius besonders wichtig war, die Vorfahren zu ehren, die noch lebenden und die toten. Das zeigte sich auch in seiner *Philosophie*, nach der die alten Traditionen bewahrt und, wo nötig, wiederbelebt werden sollten.

Mit 19 Jahren heiratete Konfuzius und wurde ein Jahr später Vater eines Sohnes. Nun galt es, die Familie zu ernähren. Konfuzius arbeitete für verschiedene Herren in niederen Positionen.

In jeder freien Minute las und lernte er. Sein erworbenes Wissen wollte er aber nicht für sich behalten, sondern weitergeben. Er gründete eine eigene Schule, in der er Geschichte, Dichtkunst und Musik unterrichtete.

Im Alter von 33 Jahren unternahm er mit zwei seiner Schüler eine Bildungsreise, um mehr über traditionelle chinesische Sitten und Gebräuche zu erfahren. Je mehr er von der alten Zeit wusste, desto klarer wurde für ihn, dass Staat und Gesellschaft zerrüttet waren. Es musste die gute alte Ordnung wiederhergestellt werden, in der jeder wusste, wo sein Platz war und wie er sich zu verhalten hatte. Der Untertan hatte dem Herrscher zu gehorchen, der Sohn dem Vater, der Jüngere dem Älteren, die Ehefrau ihrem Mann. Doch der Obere durfte nicht egoistisch und willkürlich handeln, sondern nur im Rahmen der Gesetze und der Traditionen. Stets musste er das Wohl des Untergebenen im Auge haben.

Mit der Zeit wuchs das Ansehen von Konfuzius. Im Alter von 50 Jahren wurde er Stadtgouverneur von Dschung-Du und drei Jahre später bot ihm sein Landesfürst das Amt des Justizministers an. Konfuzius sah eine große Chance, seine Vorstellungen von einem gerechten Zusammenleben nun auch politisch umzusetzen. Allerdings hielt er nichts davon, die Menschen mit Gewalt zur Einhaltung der Gesetze zu zwingen; vielmehr sollten sie aus eigener Einsicht richtig handeln. Dazu war eine umfassende Bildung nötig.

Diesen Ansatz hielten manche in der Regierung für falsch und gefährlich. Sie drängten Konfuzius aus dem Amt; er musste nicht nur zurücktreten, sondern auch das Land verlassen. Von 497 bis 483 v. Chr. führte er ein unstetes Leben. Zusammen mit einigen Schülern zog er herum und versuchte mehrfach, bei herrschenden Fürsten Einfluss zu gewinnen, was ihm aber nicht gelang. Angeblich entging er einmal nur knapp einem Mordanschlag.

Nach 14 Jahren durfte er in seine Heimat zurückkehren, aber kein Amt mehr antreten. So bemühte er sich, den Kreis seiner Schüler zu erweitern, um seine Gedanken durch sie zu verbreiten.

Nach Konfuzius ist der ideale Mensch ein »edler« Mensch. Zum »Edlen« gehören Mitmenschlichkeit, Gerechtigkeit, Achtung vor den Ahnen, Einhaltung der bewahrenswerten Traditionen. Konfuzius wusste, dass ein Ideal niemals erreicht werden kann. Aber jeder Mensch müsse sich bemühen, ihm so nahe wie möglich zu kommen, fand er.

Eine zentrale Aussage seiner Lehre lautet: »Füge niemandem etwas zu, von dem du nicht willst, dass es dir zugefügt wird.«

Platon

(um 427–347 v. Chr.)

Als Platon in Athen geboren wurde, war Griechenland noch kein einheitlicher Staat; es gab viele Klein- oder Stadtstaaten, die die Griechen »Polis« nannten. Athen war einer davon. Dort hatte sich in jener Zeit eine völlig neue Herrschaftsform entwickelt: die *Demokratie.* Für die männlichen Bürger Athens – denn Frauen blieben von den Ämtern ausgeschlossen und besaßen auch kein Wahlrecht – galt nicht mehr das Prinzip von Befehl und Gehorsam, sondern von Rede und Gegenrede. Mit diesem öffentlichen Nachdenken und Reden, bei dem eine Sache von allen Seiten beleuchtet wird, haben die Athener sozusagen nebenbei die *Philosophie* erfunden. Nun waren neue Gedanken über Götter und Menschen, über Himmel und Erde möglich. Doch die Demokratie und die neuen Gedanken gefielen nicht allen Athenern.

Als Sohn einer vornehmen und reichen Familie erlebte Platon in seiner Jugend den Niedergang der Demokratie, den Aufstieg des Feldherrn Alkibiades zum Führer Athens, dessen baldigen Sturz und die anschließende »Herrschaft der Dreißig«. Während der acht Monate, die sie an der Macht waren, ließen sie mehr als 1500 Gegner ermorden.

Über diese schlimme Zeit schrieb Platon im Alter: »Einst, als ich jung war, erging es mir wie vielen anderen. Ich glaubte nämlich, sobald ich mündig geworden sei, mich sofort mit den öffentlichen Angelegenheiten der Stadt befassen zu müssen.«

Das tat er nicht, obwohl die 30 Tyrannen gestürzt wurden. Doch von der neu gewählten demokratischen Regierung wurde er tief enttäuscht, denn sie klagte seinen Lehrer und Freund Sokrates wegen »Gottlosigkeit und verderblichem Einfluss auf die Jugend« an. Platon verfolgte den Prozess im Gerichtssaal und musste miterleben, wie Sokrates, dessen Schüler er acht Jahre lang gewesen war, mit zweifelhaften Argumenten und »Beweisen« zum Tod verurteilt wurde.

»Bei der Betrachtung solcher Vorgänge und der Menschen, welche damals an der Spitze der Staatsverwaltung standen, ferner bei näherer Prüfung der Staatsgesetze und der sittlichen Gewohnheiten der Bürger, schien mir die Verwaltung eines Staatsamtes mit der Vernunft desto schwerer vereinbar, je tiefer ich in diese Zustände blickte und je mehr ich dem reiferen Alter zuschritt«, schrieb Platon. »So beschloss ich, zwar nicht vom Nachdenken über mögliche Verbesserungen dieser politischen Zustände und der Staats*verfassung* ganz abzulassen, mit einem tätigen politischen Wirken aber bis auf bessere Zeiten zu warten.«

Die besseren Zeiten kamen nicht, Platon wurde nicht Staatsmann, wie er es sich einmal vorgestellt hatte; seine hohen moralischen Ansprüche ließen sich mit der Politik nicht vereinbaren. So nahm sein Leben einen anderen Verlauf, er widmete sich ganz der Philosophie.

Um sich weiterzubilden, reiste er nach Ägypten, Kyrene (im heutigen Libyen), Süditalien und Sizilien. Nach zwei Jahren kehrte er zurück und gründete die »Akademie«, eine Philosophenschule, die fast 1000 Jahre bestand. Ein Ergebnis seines Nachdenkens war sein Buch »Politeia« (»Der Staat«), in dem er unter anderem einen idealen Staat entwarf. Darin formuliert er einen zentralen Grundgedanken: Alles Übel und Elend in der Politik wird erst dann aufhören, »wenn entweder die *Philosophen* Könige werden in den Staaten, oder die jetzt sogenannten Könige und Herrscher sich aufrichtig und gründlich mit der Philosophie befassen, und dies beides in eins zusammenfällt, Macht im Staat und Philosophie«.

Platons Entwurf eines idealen Staates wurde zum Urtext in der Geschichte der Staatsideen. Viele Denker und Dichter, die später eigene Staats- und Gesellschaftsmodelle entwickelten, bezogen sich auf ihn.

In den letzten Jahren seines Lebens wuchs Platons Ansehen und das seiner Akademie stetig. Von weit her kamen junge Männer nach Athen, um in der Akademie zu lernen. Platons begabtester Schüler war **Aristoteles**.

Aristoteles

(384–322 v. Chr.)

Neben Sokrates und **Platon** wird auch Aristoteles genannt, wenn von den großen *Philosophen* der griechischen *Antike* die Rede ist – dabei war er doch der erste Naturwissenschaftler. Was heute ein Widerspruch zu sein scheint, war damals keiner. Denn zur *Philosophie* gehörten für die alten Griechen alle Wissensgebiete.

Aristoteles' Vater war Leibarzt des Königs von Makedonien, seine Mutter stammte aus einer Arztfamilie. So war es nicht verwunderlich, dass Aristoteles ursprünglich auch Arzt werden wollte. Schon als Junge sezierte er kleine Tiere, um zu erkennen, wie die Organe miteinander verbunden sind und funktionieren. Er verglich die verschiedenen Tiere, stellte Gemeinsamkeiten und Unterschiede fest. Diese Vorgehensweise ist die erste Stufe des naturwissenschaftlichen Arbeitens: Beobachten der Natur, Zusammentragen der dadurch gewonnenen Erkenntnisse, Ordnungen bilden, Schlussfolgerungen ziehen.

Weil er mehr wissen und verstehen wollte, ging er als 17-Jähriger nach Athen, um an Platons berühmter Akademie zu studieren. Gut 20 Jahre blieb er dort, erst als Schüler, später als Lehrer. Obwohl er Platon verehrte, hielt Aristoteles manches an dessen Philosophie nicht für stimmig und entwickelte eigene Gedanken und Theorien.

347 v. Chr. starb Platon. Doch nicht Aristoteles wurde zum neuen Leiter der Akademie berufen, sondern ein Neffe Platons, der als Gelehrter unbedeutend war. Aristoteles war enttäuscht und verließ Athen.

Zwei Jahre lebte er am Hof des Fürsten Hermias, der in seiner Jugend an der Akademie studiert hatte und seitdem mit Aristoteles befreundet war. Dieser heiratete eine Nichte von Hermias und zog mit ihr nach Mytilene auf der Insel Lesbos.

Im Jahre 343 v. Chr. bat ihn der makedonische König Philipp II., seinen damals 13-jährigen Sohn Alexander – später aufgrund seiner militärischen Erfolge »der Große« genannt – zu unterrichten. Damit bot sich Aristoteles die Möglichkeit, einen angehenden König zu einem Philosophen zu machen, so wie es Platon vorgeschwebt hatte. Historiker bezweifeln allerdings, dass ihm das gelungen ist.

Nachdem Alexander im Jahr 336 v. Chr. seinem Vater auf den Thron folgte, zog Aristoteles wieder nach Athen und gründete eine eigene Schule, die schon bald einen besseren Ruf genoss als Platons Akademie. Aristoteles nahm seine Studien wieder auf und beschäftigte sich vor allem mit der Frage, wie die Erscheinungen der Natur und des Lebens geordnet werden können. Das zu leisten, war seiner Meinung nach die Aufgabe der verschiedenen Wissensgebiete innerhalb der Philosophie.

Im Bereich des politischen Lebens hat Aristoteles zum Beispiel die verschiedenen Herrschaftsformen beobachtet und dann eine Ordnung formuliert, die Schüler bis zum heutigen Tag lernen: die erste Staatsformenlehre.

Staats- und Herrschaftsformen

Anzahl der Herrscher:	**Rechtmäßige Herrschaft:**	**Unrechtmäßige Herrschaft:**
Einer	Monarchie	Tyrannis
Einige	Aristokratie	Oligarchie
Alle	Republik	Demokratie

Die drei »rechtmäßigen« Staats- und Herrschaftsformen dienen dem Wohl der Allgemeinheit, die drei »unrechtmäßigen« dienen nur dem Wohl der Herrschenden. Die *Demokratie*, also die Volksherrschaft, zählte Aristoteles zu den schlechten Herrschaftsformen, weil seiner Meinung nach die vielen einfachen Menschen nicht in der Lage sind zu erkennen, was zum Wohl der Allgemeinheit notwendig ist.

Nach dem Tod Alexanders des Großen wurde die Stimmung in Athen feindselig gegen alles Makedonische und damit auch gegen Aristoteles. Wie Sokrates sollte er wegen Gottlosigkeit angeklagt werden. Damit sich die Athener nicht »ein zweites Mal an der Philosophie versündigen«, floh er auf die Insel Euböa, wo er im Jahr 322 v. Chr. starb.

Gaius Julius Cäsar

(100–44 v. Chr.)

Im Jahr 1957 schufen der Schriftsteller René Goscinny und der Zeichner Albert Uderzo die Comic-Serie um den kleinen Gallier »Asterix«. Darin spielt auch der römische Feldherr Cäsar mit. Und es soll Leute geben, die glauben, den hätten Goscinny und Uderzo ebenfalls erfunden. Das stimmt nicht, Cäsar hat wirklich gelebt – und wie!

Geboren wurde er als einziger Sohn einer alten und hoch angesehenen römischen Adelsfamilie. Sie war zwar verarmt, betrachtete sich aber als Nachfahren des *trojanischen* Helden Äneas, welcher der Sage nach ein Sohn der Göttin Venus war. Auch wenn das schon weit zurücklag, bestand für die Familie kein Zweifel, dass in den Adern des kleinen Gaius göttliches Blut floss. Und schon bei seiner Geburt war klar, dass er später Politiker werden sollte, um im Reich mitzubestimmen. Für den Erstgeborenen war das nach römischer Sitte sozusagen Pflicht. Um die dafür notwendigen Kenntnisse und Fähigkeiten zu erwerben, musste Gaius fleißig lernen – denn selbst der Ururur...enkel einer Göttin wusste und konnte bei seiner Geburt nicht mehr als andere Babys.

Als Gaius heranwuchs, stritten in Rom zwei Parteien um die Macht: die Optimaten und die Popularen. Zu den Optimaten gehörte der alte Adel, der wollte, dass sich möglichst wenig änderte; die Popularen waren für mehr Mitbestimmung des Volkes. Der Geschichtsschreiber Sallust notierte dazu: »So wurde alles in zwei Parteien auseinandergerissen; die Republik aber ging zwischen beiden zugrunde.«

In dieser Umbruchzeit nutzte Cäsar jede Möglichkeit, um politisch aufzusteigen. Das ging von »Vetternwirtschaft« über »taktische« Ehen bis zu Bestechung.

Sein erstes wichtiges Amt erhielt er mit 39 Jahren als Statthalter Roms in Spanien. Dort eroberte er mit seinen Soldaten weitere Gebiete und erwarb sich den Ruf, ein fähiger Feldherr zu sein. Einen Teil der reichen Beute steckte er in die eigene Tasche. So machte er es auch, als er später Statthalter in Gallien wurde. Nach und nach eroberte er ein Gebiet, das heute Frankreich, Teile der Schweiz, die Niederlande und Belgien umfasst. Aber Cäsar wollte nicht Statthalter Roms in Gallien bleiben, sein Ziel war die Macht in Rom. Die wollte auch Pompeius, ein früherer Verbündeter Cäsars. Im Jahr 49 v. Chr. zog Cäsar mit seinen Truppen in Richtung Heimat. Es kam zum Bürgerkrieg gegen die Legionen Pompeius', aus dem Cäsar als Sieger hervorging. Er war jetzt der mächtigste Mann in Rom. Das wollte er sozusagen schriftlich haben und ließ sich vom Senat zum Alleinherrscher, zum Diktator, ernennen. Zunächst für zehn Jahre.

So brutal Cäsar seine Gegner behandelte, so klug und umsichtig reformierte er das Römische Reich. Er organisierte die Verwaltung neu, sorgte für einheitliche Gesetze, führte einen neuen, den julianischen Kalender ein und ließ Siedlungen für die Arbeiter bauen. Die verehrten ihn, ja sie vergötterten ihn. Die Geschichte von seiner göttlichen Abstammung machte die

Runde. Wie sonst hätte er so erfolgreich sein und ein Weltreich zusammenerobern können?

Vielleicht glaubte er das insgeheim auch; vielleicht stieg ihm das alles zu Kopf, jedenfalls ernannte er sich selbst zum Diktator auf Lebenszeit. Nach der römischen *Verfassung* war das nicht möglich, doch das war Cäsar egal. Die kritischen Männer im Senat, denen Cäsars eigenmächtiges Handeln schon lange ein Dorn im Auge war, wollten das nicht auch noch hinnehmen. Sie beschlossen, ihn umzubringen.

Am 15. März 44 v. Chr. stand eine Sitzung des Senats auf der Tagesordnung. Als Cäsar das Gebäude betrat, wurde er sofort von mehreren Senatoren umringt und mit 23 Messerstichen getötet.

Gaius Julius Cäsar ist unsterblich – nicht weil er ein Gott war, sondern weil er bis heute die Menschen beschäftigt. Viele Dichter haben über ihn geschrieben, sein Leben wurde mehrfach verfilmt. Aus seinem Namen wurden später die Titel »Kaiser« und »Zar«. Und Lateinschüler lesen bis heute sein Werk »Über den Gallischen Krieg« – ohne das es vermutlich auch die Asterix-Comics nicht gäbe.

Kleopatra

(69–30 v. Chr.)

Kleopatra ist die berühmteste Frau der *Antike.* Über sie wurden so viele Geschichten erzählt wie über keine andere Frau. Es gibt zahlreiche Bücher und Filme – und einen Comic, der ebenfalls verfilmt wurde: »Asterix und Kleopatra«.

Manches aus ihrem Leben ist überliefert, anderes wurde im Lauf der Zeit dazuerfunden, um die Frau noch interessanter zu machen.

Kleopatra war die Tochter des ägyptischen Königs Ptolemaios XII. Sie wurde in Alexandria geboren und hatte mehrere Geschwister. Über ihre Kindheit ist wenig bekannt, aber man geht davon aus, dass sie eine gute Erziehung erhielt und sehr gebildet war. Es heißt, sie habe neun Sprachen beherrscht, unter anderem Ägyptisch. Für die Tochter des Königs von Ägypten scheint uns das normal zu sein; doch das war es damals keineswegs. In der 300-jährigen Herrschaft der Ptolemäer war Kleopatra die Erste, die der Sprache des Volkes mächtig war. Alle anderen Mitglieder der Herrscherfamilie sprachen Griechisch.

Im Jahr 51 v. Chr. starb der König. In seinem Testament hatte er bestimmt, dass Kleopatra und ihr zehnjähriger Bruder Ptolemaios XIII. ihm gemeinsam auf den Thron folgen sollten. Und nicht nur das, sie sollten auch heiraten, wie es damals Brauch war.

Kleopatra war sehr ehrgeizig und wollte allein regieren; ihren kleinen Bruder nahm sie nicht ernst. Anfangs konnte sie sich auch durchsetzen, was daran zu sehen ist, dass wichtige Dokumente nur von ihr unterzeichnet wurden. Doch nach knapp zwei Jahren änderte sich das. Die Berater ihres Bruders und Ehegemahls stachelten Ptolemaios gegen seine Schwester auf. Kleopatra wurde abgesetzt und musste nun um ihr Leben fürchten. Deshalb floh sie aus Ägypten. Doch sie war nicht bereit, ihrem Bruder und seinen Beratern das Feld kampflos zu überlassen, und schwor ihnen Rache.

Wenig später marschierte der römische Feldherr **Gaius Julius Cäsar** in Alexandria ein und besetzte den Palast. Als Kleopatra das erfuhr, sah sie ihre Chance – als Frau! Sie wollte diesen Römer für sich gewinnen. Es gab nur ein Problem: Wie sollte sie unerkannt in den Palast kommen? Da hatte sie eine Idee, die als raffiniertestes Rendezvous in die Geschichte einging: Sie ließ sich von einem treuen Diener in einen Teppich einrollen. Der Diener trug sie zum Palast und sagte dort, er wolle Cäsar den wertvollen Teppich schenken. Man führte ihn zu Cäsar. Vor ihm legte der Diener den Teppich auf den Boden und rollte ihn auf; zum Vorschein kam Kleopatra. Es heißt, sie habe teuren Schmuck getragen, sei kräftig geschminkt und nur leicht bekleidet gewesen. Cäsar habe sich sofort in die viel jüngere Frau verliebt. Ob das alles stimmt, kann heute niemand mehr mit Sicherheit sagen. Wahr ist jedoch, dass der römische Feldherr und die abgesetzte Königin eine Liebesbeziehung hatten. Für Kleopatra besiegte Cäsar die Soldaten ihres Bruders, der noch fliehen konnte, dabei aber im Nil ertrank. Daraufhin setzte Cäsar seine Geliebte wieder als Königin ein. Um das Testament ihres Vaters zu erfüllen, heiratete Kleopatra abermals einen jüngeren Bruder, Ptolemaios XIV., den sie 44 v. Chr. vermutlich aus politischen Gründen ermorden ließ.

Kleopatra und Cäsar bekamen einen Sohn und nannten ihn Cäsarion, »kleiner Cäsar«. Alles schien bestens. Doch im Frühjahr 47 v. Chr. ging Cäsar zurück nach Rom – ohne Kleopatra und seinen Sohn. Eineinhalb Jahre später folgte sie ihm mit Cäsarion. An Cäsars Seite wollte sie die Herrscherin eines Weltreiches werden. Daraus wurde allerdings nichts, denn Cäsar war verheiratet. Er nahm Kleopatra und Cäsarion nicht bei sich im Palast auf, sondern ließ sie als Gäste in einem seiner Häuser wohnen. Daran änderte sich nichts, bis er 44 v. Chr. ermordet wurde.

Drei Jahre später versuchte Kleopatra mit Marcus Antonius, einem der Nachfolger Cäsars, noch einmal, die Herrschaft über ein großes Reich zu erobern. Als der Versuch scheiterte, stürzte sich Marcus Antonius in sein Schwert. Cäsarion wurde von den Feinden erschlagen. Da Kleopatra ihnen nicht in die Hände fallen wollte, nahm sie sich das Leben. Auch darüber gibt es viele Geschichten. Die bekannteste lautet: Kleopatra legte sich eine Giftschlange an die Brust und ließ sich von ihr beißen.

Jesus von Nazareth

(um 6 v. Chr. – 30 n. Chr.)

Vor mehr als 2000 Jahren lebte der Zimmermann Josef mit seiner Frau Maria in Nazareth, einem kleinen Dorf in Palästina. Maria wurde schwanger und brachte einen Jungen zur Welt, dem sie den Namen Jesus gaben. Das war ungefähr im Jahr 6 vor unserer Zeitrechnung. Mehr und Genaueres wissen wir nicht.

Nach den ältesten schriftlichen Überlieferungen lernte Jesus als Erstgeborener das Handwerk seines Vaters. Seine Eltern schickten ihn auch in die Schule, wo er vor allem die Gesetze Gottes lernen sollte. Den Lehrern fiel auf, dass Jesus sehr neugierig war und mehr über Gott wissen wollte als die anderen Kinder.

Als er etwa 28 Jahre alt war, sagte ihm eine innere Stimme, er sei nicht dazu geschaffen, für immer Zimmermann zu sein, er müsse sein Leben ändern und etwas anderes tun. Da gab Jesus seinen Beruf auf, verließ seine Heimatstadt und wanderte durchs Land.

Eines Tages kam er an den Jordan, wo Johannes der Täufer predigte und taufte. Jesus hörte ihm lange zu und ließ sich von ihm taufen. Dann zog er weiter und predigte selbst.

Eines Tages kam er an den See Genezareth. Dort traf er ein paar Fischer, die müde und mürrisch waren, weil sie kaum etwas gefangen hatten. Jesus tröstete sie und sagte, sie sollten noch einmal hinausfahren, dann würden sie einen guten Fang machen.

»Du kannst zwar schöne Geschichten erzählen, aber vom Fischfang hast du keine Ahnung«, sagte einer und machte sich über Jesus lustig. Die Brüder Simon Petrus und Andreas waren erstaunt über die Sicherheit, mit der Jesus ihnen einen guten Fang versprach. Sie fuhren hinaus und warfen ihre Netze aus. Die waren bald so voll, dass die Männer es nicht fassen konnten. Für sie war es ein Wunder und der Beweis, dass Jesus kein gewöhnlicher Mensch sein konnte.

»Wenn ihr mit mir geht, werden wir Gottes Wort verkünden, damit immer mehr Menschen auf den richtigen Weg finden. Wollt ihr mir dabei helfen?«, fragte Jesus. Simon Petrus, Andreas, Jakobus und Johannes waren so beeindruckt von ihm, dass sie alles zurückließen und ihm folgten. Sie wurden seine ersten Jünger. In den nächsten Wochen scharte Jesus noch acht weitere Männer um sich, die bei ihm blieben.

Jesus wollte, dass die Menschen einander achten und liebevoll miteinander umgehen. Deswegen lehrte er sie Folgendes: »Früher hieß es: Ihr sollt andere so behandeln, wie sie euch behandeln, also Auge um Auge, Zahn um Zahn. Ich aber sage euch: Vergeltet nicht Böses mit Bösem, sonst nimmt das Böse kein Ende. Wenn euch einer auf die linke Wange schlägt, so halte ihm auch die rechte hin. Wenn euch einer etwas Böses tut, tut ihr ihm etwas Gutes. Dann wird das Böse aus der Welt verschwinden.

Früher hieß es: Liebe deine Freunde und hasse deine Feinde. Ich aber sage euch: Ihr sollt niemand hassen. Versucht auch eure Feinde zu lieben. So wie Gott euch mit allen euren Stärken und Schwächen liebt, so liebt er auch die anderen.«

Jesus kümmerte sich auch um die Außenseiter der Gesellschaft und sagte, ein Mensch, der seine Sünden bereue, sei Gott lieber als einer, der besonders fromm sei, alle Gesetze und Regeln einhielte – und dabei nur an sich selbst denke. Als sich immer mehr Menschen um ihn scharten, wenn er irgendwo predigte, sahen die Geistlichen in ihm eine Gefahr für sich und wollten ihn loswerden. Sie beschuldigten ihn der Gotteslästerung und behaupteten, er hetze das Volk gegen die Obrigkeit auf.

In Jerusalem wurde Jesus verhaftet, angeklagt und zum Tod am Kreuz verurteilt. Der Leichnam wurde in ein Felsengrab gelegt. Zwei Tage später gingen ein paar Frauen zum Grab; sie wollten den toten Jesus mit duftenden Ölen einreiben, so wie es bei den Juden Brauch war. Doch das Grab war leer. Die Jünger glaubten, Jesus sei von den Toten auferstanden. Sie verkündeten die frohe Botschaft, und bald bildeten sich überall Gemeinden, die diese Botschaft weitertrugen. So entwickelte und verbreitete sich im 1. Jahrhundert das Christentum, obwohl es lange Zeit verboten war und seine Anhänger um ihr Leben fürchten mussten. Heute ist das Christentum eine der großen Weltreligionen.

Karl der Große

(vermutlich 748–814)

Früher waren die Leute in *Europa* deutlich kleiner als heute, jedenfalls im Durchschnitt. Aber auch vor 1000 und noch mehr Jahren gab es schon lange Kerle. Einer von ihnen war Karl der Große. Wissenschaftler gehen davon aus, dass er mindestens 1,90 Meter groß war und damit die meisten seiner Zeitgenossen deutlich überragte. Doch nicht deswegen wurde er schon zu Lebzeiten »der Große« genannt. Diesen Beinamen verdiente er sich durch seine Leistungen.

Als Karl geboren wurde, gab es noch keine Länder, wie wir sie heute kennen. Sein Vater Pippin war König des Frankenreiches, in dem mehrere germanische Stämme und das sogenannte Gallien zusammengefasst waren. Als Pippin starb, regierten Karl und sein Bruder Karlmann das Reich gemeinsam; allerdings nur drei Jahre, dann starb Karlmann und Karl wurde im Jahr 771 Alleinherrscher über das Frankenreich. Wie die meisten Könige vor und nach ihm führte er viele Kriege. Sein Ziel war von Anfang an, alle *Germanen* in einem Reich zu vereinen; es fehlten ihm noch die Langobarden, Bayern und Sachsen. Die beiden ersten Völker unterwarf Karl mit seinen Soldaten schnell. Aber die heidnischen Sachsen wehrten sich mit allen Mitteln. Schließlich wurden sie nach einem grausamen Krieg, der 32 Jahre dauerte, doch besiegt und mussten den christlichen Glauben annehmen.

Damit waren zum ersten Mal in der Geschichte alle germanischen Stämme, aus denen später das deutsche Volk zusammenwuchs, in einem Reich vereint. Doch zu einem großen König gehört mehr, als Kriege zu gewinnen.

Nach allem, was wir heute wissen, verstand sich Karl als eine Art Vater seiner Völkerfamilie und kümmerte sich mehr als andere Könige um die Sorgen und Nöte der einfachen Leute, die ein armseliges Leben führten. Er regierte nicht von einer Hauptstadt aus, sondern reiste oft durch das Reich, um sich selbst ein Bild von den Zuständen zu machen. Dafür gab es überall sogenannte Pfalzen; das waren burg- oder schlossartige Gebäude, in denen der König Hof hielt. In manchen Pfalzen blieb er nur wenige Tage, in anderen viele Monate. Karls Lieblingspfalz war Aachen, wo er 814 starb und begraben wurde.

Trotz der vielen Reisen kam Karl in manche Gebiete des riesigen Reiches höchstens alle paar Jahre. Deswegen ließ er sich von überall her berichten und bestimmte dann, was zu geschehen hatte. Dabei regelte er auch kleinste Angelegenheiten wie den Verkauf von Feldfrüchten, Federvieh und Eiern. Er ließ Wald roden, um mehr Ackerland für die Bauern zu schaffen, und führte die »Dreifelderwirtschaft« ein, die schonender mit dem Ackerboden umging und zu besseren Ernten führte.

Auch die Bildung lag Karl am Herzen. Er ließ Kloster- und Domschulen einrichten, in denen Kinder von *freien Bauern* und Handwerkern in Religion, Lesen und Schreiben unterrichtet wurden. Er selbst hatte als Junge weder lesen noch schreiben gelernt und wollte das Versäumte im Alter nachholen. »Mit seinen Bemühungen kam er nicht weit, da er es zu spät begonnen hatte«, notierte dazu ein Zeitgenosse.

Karl sah sich jedoch nicht nur als Vater der Menschen im Frankenreich, sondern auch als Schutzherr aller Christen. Als er am Weihnachtsabend des Jahres 800 in Rom einen Gottesdienst besuchte, setzte ihm der Papst, dem Karl schon mehrfach gegen Angreifer geholfen hatte, eine Krone auf. Dann fiel er auf die Knie und rief: »Karl dem Erhabenen, dem von Gott gekrönten, großen und Frieden schaffenden Kaiser der Römer, Leben und Sieg!«

Karl soll sehr erschrocken gewesen sein und später gesagt haben, dass er die Kirche nie betreten hätte, wenn er von der Absicht des Papstes gewusst hätte. Aber so wurde er der erste deutsche Kaiser des Mittelalters und gleichzeitig der weltliche Führer der Christenheit.

Später sagten manche, er sei der erste *Europäer* gewesen, und bis heute wird er »Vater Europas« genannt.

Marco Polo

(um 1254–1324)

Marco Polo gilt als einer der berühmtesten Entdecker der Weltgeschichte und gleichzeitig als einer der größten Lügner.

Wahr ist, dass er einer Kaufmannsfamilie entstammte, die in Venedig ansässig war. Sein Vater Niccolò und sein Onkel Matteo handelten mit verschiedenen Waren im Mittelmeerraum. Dabei führten ihre Reisen sie immer weiter nach Osten und 1266 kamen sie sogar bis nach China. Weil mit Gewürzen, Seidenstoffen und Tee in *Europa* viel Geld zu verdienen war, starteten die Brüder Polo im Jahr 1271 ihre zweite China-Reise. Diesmal durfte der 17-jährige Marco mit. Der lange, beschwerliche und gefährliche Weg führte über das heutige Israel, den Irak, das Hochland von Pamir, »Dach der Welt« genannt, durch die Wüste Gobi bis nach Peking. Nach fast vier Jahren und mehr als 7000 Kilometern erreichten sie ihr Ziel.

Der Mongolen-Kaiser Kublai-Khan, der damals in Peking herrschte, nahm die *Europäer* wohlwollend auf. Den späteren Berichten zufolge lernte Marco Polo schnell die Sprache der Einheimischen, gewann das Vertrauen des Kaisers und bekam einen hohen Posten am Hof. Im Auftrag Kublai-Khans bereiste er das Land und lernte auch einige Nachbarländer kennen. Dabei studierte er die Sitten und Gebräuche sowie die Lebensgewohnheiten der Menschen. Der Kaiser soll den intelligenten jungen Mann sogar zum Statthalter einer chinesischen Provinz ernannt haben.

17 Jahre lebten die Polos in China. Dann wollten sie wieder zurück nach Venedig. Zuerst verweigerte Kublai-Khan ihnen die Heimreise, willigte aber schließlich doch ein. Nach insgesamt 24 Jahren Abwesenheit erreichten sie 1295 ihre Heimatstadt.

Kublai-Khan hatte Marco Polo reich beschenkt, sodass der nun ein wohlhabender Mann war. Dass er weltberühmt wurde, ist einem Zufall zu verdanken.

Seit Langem kämpften Venedig und Genua um die Vorherrschaft als Handelszentrum am Mittelmeer. Dabei kam es schließlich zu kriegerischen Auseinandersetzungen, an denen auch Marco Polo teilnahm.

Im Jahr 1297 wurde er gefangen genommen und ins Gefängnis gesteckt. Einer seiner Mitgefangenen war der Schriftsteller Rustichello da Pisa, der schon einige Ritterromane geschrieben hatte. Marco Polo erzählte ihm von seinen Reiseerlebnissen und Rustichello da Pisa schrieb sie nieder. Das Buch »Von den Wundern der Welt« enthielt die ersten ausführlichen Beschreibungen des Fernen Ostens. So erfuhr man in Europa, dass es dort große Städte mit einer gut organisierten Verwaltung gab, dass die Menschen Papiergeld benutzten und sich am Kohlenfeuer wärmten. Allerdings wurde auch von Menschen mit Hundeköpfen, von Vogelmenschen und anderen absonderlichen Wesen erzählt.

Das war ein Grund dafür, dass bald Zweifel am Wahrheitsgehalt des ganzen Buches geäußert wurden. Und je mehr man in Europa vom Fernen Osten wusste, desto größer wurden diese

Zweifel. In dem Buch stand zum Beispiel nichts von der gewaltigen Chinesischen Mauer. Auch den dort bereits angewendeten Buchdruck erwähnte Marco Polo nicht, obwohl der für ihn eine Sensation gewesen sein musste, denn in seiner Heimat wurden Bücher damals noch von Hand geschrieben. Und vom Schießpulver, das die Chinesen schon erfunden hatten, las man ebenfalls nichts.

Ziemlich fraglich schien auch, dass der Kaiser von China dem jungen Mann aus Venedig einen hohen Posten am Hof gab und ihn zum Statthalter einer Provinz machte. Es gibt keine historischen Belege dafür, dass Marco Polo in dieser Hinsicht die Wahrheit gesagt hat. Doch ob wahr oder gelogen, durch sein Buch wurde das Interesse vieler Europäer am Fernen Osten geweckt. Nun wollte man unbedingt jene reichen Länder erreichen, und zwar nicht mehr nur auf dem beschwerlichen Landweg, sondern möglichst auf dem Seeweg. Marco Polos Bericht löste weitere Entdeckungsreisen aus. Er selbst nahm an keiner mehr teil, sondern blieb in Venedig, heiratete und wurde Vater von drei Töchtern. Im Alter von 70 Jahren verstarb er am 8. Januar 1324.

Johannes Gutenberg

(um 1400–1468)

Das 15. Jahrhundert war eine Zeit großer Veränderungen. Neue Länder und Kontinente wurden entdeckt, neue wissenschaftliche Methoden führten zu neuen Erkenntnissen über den Menschen, die Erde und das Universum. In dieser Aufbruchstimmung wurde in der wohlhabenden Mainzer Familie Gensfleisch zur Laden ein Sohn geboren und auf den Namen Johannes getauft. Weltberühmt wurde er später unter dem Namen Johannes Gutenberg. Doch bis dahin war es ein weiter Weg, von dem das erste Teilstück weitgehend im Dunkeln liegt. Es gibt auch kein Bild, das ihn zu seinen Lebzeiten zeigt.

Johannes Gutenberg erlernte das Goldschmiedehandwerk und verließ Mainz im Alter von etwa 30 Jahren, weil ihm die Steuern zu hoch schienen. Er zog nach Straßburg, wo er als Goldschmied sein Geld verdiente. Doch in einem Hinterzimmer seiner Werkstatt arbeitete er nebenbei »an einer geheimnisvollen Kunst«, wie es hieß. Gutenberg hatte nämlich einen Traum: Er wollte ein Gerät herstellen, mit dem man Bücher drucken konnte.

Zwar war der Holzblockdruck schon bekannt, in China bereits seit Jahrhunderten. Dabei wurde jedes Zeichen spiegelverkehrt in einen großen Holzstempel geschnitzt, indem man das umgebende Holz entfernte. Die so entstandenen Zeichen waren erhöht, wurden eingefärbt und auf ein Blatt Papier gepresst. Das war ein sehr aufwendiges Verfahren, das bestenfalls für einzelne Blätter taugte. Wenn ein Buchstabe beschädigt wurde oder abgenutzt war, musste der ganze Stempel neu angefertigt werden. Unmöglich, auf diese Weise Bücher herzustellen. Die wurden damals von Mönchen in besonders schöner Schrift geschrieben und waren sehr teuer. Deshalb suchte Gutenberg nach einer Möglichkeit, Bücher schneller, einfacher und vor allem günstiger herzustellen. Und irgendwann hatte er eine geniale Idee!

Texte bestehen aus Worten, Worte bestehen aus Buchstaben. Wenn man für jeden Buchstaben einen einzelnen Stempel hätte, könnte man sie zu Worten zusammensetzen. Wenn man von jedem Buchstaben viele Stempel hätte, könnte man ganze Sätze, ja ganze Bücher drucken! Und wenn die Stempel nicht so schnell abgenutzt würden, könnte man viele Bücher mit ihnen drucken. Deswegen mussten die Stempel aus einem härteren Material als Holz sein – nämlich aus Metall!

Damit war der Buchdruck mit beweglichen Buchstaben – Gutenberg nannte sie »Lettern« – aus Metall erfunden. Für die Herstellung der Buchstaben und Satzzeichen schuf er 290 verschiedene Gussformen, in die das flüssige Metall gegossen wurde.

Das alles kostete natürlich viel Geld – das Gutenberg nicht besaß. Als es mit einem Straßburger Geldgeber Schwierigkeiten gab, kehrte Gutenberg im Jahr 1444 nach Mainz zurück. Dort gab es reiche Leute, die an Gutenbergs Erfindung glaubten und ihm Geld liehen, weil sie sich Gewinn versprachen. Zu ihnen gehörte auch der Anwalt und Goldschmiedemeister Johannes Fust.

Gutenberg konnte sich eine Werkstatt einrichten, Gehilfen einstellen und die in Straßburg begonnene Arbeit fortsetzen. Zwei Jahre arbeitete er an seinem Meisterwerk, der sogenannten Gutenberg-Bibel. Kurz bevor sie fertig war, wollte Fust sein Geld zurückhaben. Gutenberg konnte nicht zahlen, es kam zum Prozess, den er verlor. Sein gesamter Besitz einschließlich der fertigen und unfertigen Bücher wurde Fust zugesprochen. Der stellte Gutenbergs beste Mitarbeiter ein und ließ sie Bibeln drucken, die sich sehr gut verkauften, weil sie viel billiger waren als von Hand geschriebene.

Johannes Gutenberg stand vor dem Nichts; die Früchte seiner Erfindung konnte er nicht ernten. Bis zu seinem Tod am 3. Februar 1468 lebte er von der Unterstützung, die ihm der Bischof von Mainz gnadenhalber gewährte.

Gutenberg geriet bald in Vergessenheit, und später wurde sogar einige Zeit angezweifelt, dass er den Buchdruck und die Buchproduktion mit den beweglichen Lettern revolutioniert hatte. Davon ist längst keine Rede mehr. Der französische Dichter Victor Hugo nannte Gutenbergs Erfindung »das größte Ereignis der Weltgeschichte«. Für das amerikanische Magazin »Time Life« war sie die bedeutendste Erfindung des zweiten Jahrtausends. Und 1999 wurde Johannes Gutenberg von amerikanischen Journalisten zum »Mann des Jahrtausends« gewählt.

Jeanne d'Arc

(um 1412–1431)

Sie ist eine der rätselhaftesten Frauen der Weltgeschichte. Wenn es nicht Beweise dafür gäbe, dass sie wirklich gelebt hat, könnte man sie für eine Sagengestalt halten.

Weil sie ein einfaches Bauernmädchen war, ist über ihre Kindheit nichts bekannt, auch nicht ihr Geburtsdatum. Bei Bauernkindern war das damals nicht so wichtig.

Als Jeanne in dem lothringischen Dorf Domrémy heranwuchs, befanden sich Frankreich und England im Hundertjährigen Krieg. Begonnen hatte er 1337 und nun besetzten englische Truppen den Norden Frankreichs. Sie waren weiter auf dem Vormarsch und der englische König wollte auch König von Frankreich werden.

Da hatte Jeanne im Alter von 13 Jahren eine Vision: Sie hörte Stimmen, die sie aufforderten, die Engländer aus Frankreich zu vertreiben und den rechtmäßigen Thronfolger Charles zur Krönung zu führen. Diese Vision wiederholte sich mehrmals. Eine der Stimmen gab sich als Erzengel Michael zu erkennen, wie Jeanne später vor Gericht aussagte. Als gläubiges Mädchen fühlte sie sich verpflichtet, dem Erzengel zu gehorchen. Aber wie konnte sie das?

Sie tat alles, um zu Charles vorgelassen zu werden, wurde aber immer wieder abgewiesen. Niemand nahm sie ernst. Was sollte ein ungebildetes Bauernmädchen dem Thronfolger auch zu sagen haben? Doch Jeanne gab nicht auf. Am 25. Februar 1429 war sie am Ziel und wurde gleich auf die Probe gestellt: Neben Charles stand ein fein gekleideter Mann und sagte, er sei der Thronfolger. Obwohl Jeanne beide noch nie zuvor gesehen hatte, schüttelte sie den Kopf, ging auf Charles zu und sagte: »Sie sind es!«

Charles war sehr erstaunt und Jeanne erzählte ihm von ihren Visionen und ihrem Auftrag. Er ließ sie von Theologen auf ihre Glaubwürdigkeit prüfen und war schließlich überzeugt, dass der Himmel ihm diese ungewöhnliche junge Frau geschickt hatte. Da in der fast aussichtlosen Lage ohnehin nur noch ein Wunder das Land retten konnte, durfte Jeanne bleiben. Es wurde eine Rüstung für sie angefertigt und am 29. April 1429 führte sie als erste Frau eine Truppe in die Schlacht.

Die Engländer standen schon tief in Frankreich und kurz vor der Erstürmung der königlichen Residenz in Orléans. Doch Jeanne gelang es, ihren Männern Mut zu machen. Als sie selbst von einem Pfeil getroffen wurde, kämpfte sie tapfer weiter. Das beeindruckte die Soldaten so, dass sie für ihre Anführerin durchs Feuer gingen. »Bevor sie kam, flohen 500 Franzosen vor 200 Engländern; nach ihrer Ankunft vermochten 200 Franzosen 500 Engländer zu schlagen und zu verjagen«, schrieb ein Chronist dazu.

Jeanne schaffte das eigentlich Unmögliche: Am 8. Mai zogen sich die Engländer zurück und Orléans war wieder frei. Dem Erfolg in Orléans folgten weitere. Die Soldaten verehrten ihre Anführerin wie eine Heilige.

Am 17. April 1429 wurde der Thronfolger als Charles VII. in Reims zum König gekrönt. Natürlich war Jeanne dabei; sie stand mit der Siegesfahne neben dem Altar. Nun hatte sie einen Teil ihres Auftrags erfüllt. Doch noch waren viele Gebiete Frankreichs besetzt. Deswegen wollte Jeanne nach Paris ziehen, um die Engländer zu vertreiben. Nach monatelangem Zögern erhielt sie vom König schließlich die Erlaubnis. Die Gegner hatten die Zeit genutzt, um ihre Kräfte zu bündeln, und so scheiterte am 8. September 1429 der Versuch, Paris zu befreien. Der König wandte sich von Jeanne ab und versuchte, durch Verhandlungen einen Waffenstillstand zu erreichen.

Als Jeanne verraten und für 10.000 Franken an die Engländer ausgeliefert wurde, tat der König nichts für die Frau, der er die Krone verdankte. Man warf ihr Verbreitung von Irrlehren, Gotteslästerung und Hexerei vor und stellte sie vor ein katholisches Gericht. Nach einem langen Prozess wurde sie am 30. Mai 1431 als *»Hexe«* auf dem Scheiterhaufen verbrannt.

25 Jahre später wurde das Urteil gegen Jeanne d'Arc oder die Jungfrau von Orléans, wie sie auch genannt wird, als falsch aufgehoben; 1909 wurde sie vom Papst selig-, 1920 heiliggesprochen.

Für die Franzosen ist sie zur Nationalheldin geworden. Das alljährliche Fest zu ihrem Gedenken findet am 30. Mai statt.

Christoph Kolumbus

(1451–1506)

»Irrtümer haben ihren Wert,
jedoch nur hier und da.
Nicht jeder, der nach Indien fährt,
entdeckt Amerika.«

Mit diesem kleinen Gedicht brachte der Schriftsteller Erich Kästner (1899–1974) einen der folgenreichsten Irrtümer der Weltgeschichte auf den Punkt. Denn der Seefahrer Christoph Kolumbus hatte 1492 sozusagen aus Versehen die »Neue Welt« entdeckt. Dass 500 Jahre vor ihm schon die Wikinger dort gewesen waren, war in *Europa* nicht bekannt.

Christoph Kolumbus wurde 1451 in Genua geboren und wuchs in einer armen Weberfamilie auf. Nach eigenen Aussagen fuhr er schon mit 14 als Schiffsjunge zur See. Auch in den folgenden Jahren heuerte er immer wieder auf Schiffen an; und er las alles, was er über Schifffahrt und Seereisen in die Hände bekam. Kolumbus lebte in einer Zeit, als die Seefahrer noch überwiegend an bekannten Küsten entlangsegelten, aus Angst, am »Ende der Welt« könnte man erfrieren oder verbrennen, von Stürmen zerschmettert oder von Meeresungeheuern verschlungen werden. Manche glaubten sogar noch, die Erde sei eine Scheibe, von der man hinunterfallen könne. Das glaubte

Kolumbus nicht; nach allem, was er gelesen hatte, war er überzeugt, dass die Erde eine Kugel ist.

Weil Portugal damals ein Zentrum der europäischen Seefahrt war, zog Kolumbus im Jahr 1477 zu seinem Bruder Bartolomeo, der in Lissabon als Kartograf lebte. Anfangs half er seinem Bruder bei der Arbeit, doch bald zog es ihn wieder hinaus aufs Meer.

Von Portugal aus suchten die Seefahrer neue und schnellere Wege, um nach Indien und China zu kommen. Denn dort gab es wertvolle Güter wie Gewürze und Seide. Jahr für Jahr segelten Schiffe entlang der afrikanischen Westküste weiter nach Süden. Als 1487 erstmals ein Schiff die Südspitze des Kontinents erreichte, erkannte man, dass Afrika viel größer war, als man bis dahin vermutet hatte. Damit stand fest, dass dieser Weg sehr lang und sehr gefährlich war.

Da hatte Kolumbus eine ebenso einfache wie geniale Idee: Wenn die Erde eine Kugel war, dann musste man nur immer nach Westen segeln, um früher oder später im Fernen Osten zu landen. Mit dem aus China stammenden Kompass stand auch ein wichtiges Navigationsinstrument für ein so gewagtes Unternehmen zur Verfügung.

Wie viele Menschen mit »verrückten« Ideen vor und nach ihm wurde Kolumbus ausgelacht und verspottet. Jahrelang bat er beim König von Portugal um das nötige Geld für seine Expedition und versprach ihm dafür die Schätze Indiens. Weil der König seine Bittgesuche alle ablehnte, wandte sich Kolumbus schließlich nach Spanien. Auch dort wurde er nicht mit offenen Armen empfangen, konnte die Königin aber doch für sein Vorhaben gewinnen und erhielt so viel Geld, dass er drei Schiffe ausrüsten konnte. Am 3. August 1492 verließ Kolumbus mit 120 Mann Besatzung Spanien. Die Fahrt über das unbekannte Meer dauerte viel länger, als er gedacht hatte. Seine Leute begannen an ihm zu zweifeln, ihre Angst wuchs von Tag zu Tag, sie wollten umkehren. Aber Kolumbus war überzeugt, dass sie bald in Indien landen mussten, und trieb die Mannschaft weiter an. Am 12. Oktober 1492 hieß es endlich: »Land in Sicht!« Kolumbus schrieb in sein Bordtagebuch: »Wir holten alle Segel ein und fuhren nur mit einem Großsegel ohne Nebensegel. Dann legten wir bei und warteten bis zum Anbruch des Tages, der ein Freitag war, an welchem wir zu einer Insel gelangten, die in der Indianersprache ›Guanahani‹ hieß.«

»Indianersprache« schrieb Kolumbus, denn er ging selbstverständlich davon aus, dass die Insel, an der sie gestrandet waren, zu Indien gehörte, und nannte deren Bewohner »Indianer«.

In den folgenden zehn Jahren segelte Kolumbus noch dreimal Richtung Westen und war immer überzeugt, in Ostasien gelandet zu sein. Zum Andenken an seinen Irrtum werden die Inseln, die er entdeckt hat, noch heute Westindische Inseln genannt.

Leonardo da Vinci

(1452–1519)

Das berühmteste und wohl auch wertvollste Gemälde der Welt hängt im Louvre in Paris. Jedes Jahr besuchen etwa zehn Millionen Menschen das Museum, viele davon hauptsächlich deshalb, um das Lächeln der »Mona Lisa« einmal im Original zu sehen. Gemalt hat es Leonardo da Vinci, einer der ganz großen Künstler und Wissenschaftler der Weltgeschichte.

Leonardo wurde als unehelicher Sohn eines Notars und eines Bauernmädchens in Vinci bei Florenz geboren. Damit hatte er eigentlich schlechte Lebenschancen. Von seinen ersten fünf Jahren weiß man nur, dass er bei seiner Mutter lebte. Als diese einen Töpfermeister heiraten wollte, holte Leonardos Vater seinen Sohn zu sich nach Florenz. Aus den folgenden Jahren ist bekannt, dass Leonardo nur mühsam Lesen, Schreiben und Rechnen lernte. Doch sein Vater erkannte die künstlerische Begabung seines Sohnes und schickte ihn im Alter von 15 Jahren als Schüler in die Werkstatt des Bildhauers und Malers Andrea del Verrocchio, der zu den besten in Florenz zählte.

Eines Tages erhielt Verrocchio den Auftrag, für eine Klosterkirche die »Taufe Christi« zu malen. Der Meister ließ seinen 20-jährigen Schüler an dem Gemälde mitarbeiten. Leonardo malte unter anderem einen Engel. Als der Meister diesen Engel sah, so wurde erzählt, habe er beschlossen, den Pinsel sofort wegzulegen und das Malen künftig seinem Schüler zu überlassen, weil der ihn übertroffen habe.

Leonardo arbeitete noch einige Jahre in Verrocchios Werkstatt. Aber er wollte nicht nur ein guter Maler und Bildhauer werden, er interessierte sich auch für Architektur, naturwissenschaftliche Fragen, für Technik und für die *Anatomie* des menschlichen Körpers. Damit war er ein typischer Vertreter der neuen Zeit, die man »Renaissance« nennt, was so viel wie *Wiedergeburt* bedeutet. Das mittelalterlich-christliche Menschenbild, wonach das Leben vor allem der Vorbereitung auf das Jenseits dient, galt nicht mehr. Man wandte sich dem Diesseits zu und rückte den Menschen in den Mittelpunkt des wissenschaftlichen und künstlerischen Interesses. Leonardo tat das unter anderem mit seiner berühmten Proportionsstudie »Der vitruvianische Mensch«, die heute die Rückseite der italienischen 1-Euro-Münze ziert. Weil er auch wissen und verstehen wollte, wie der Mensch innen aussieht, wie er gebaut ist und funktioniert, sezierte Leonardo heimlich Leichen in einem Krankenhaus, was damals noch verboten war. Seine Erkenntnisse dokumentierte er mit ausführlichen Beschreibungen und zahlreichen anatomischen Zeichnungen.

Leonardo war ungeheuer neugierig und verspürte ständig den Drang, Neues auszuprobieren und zu untersuchen. Er begann vieles und ließ auch vieles unvollendet liegen, weil ihn schon wieder etwas anderes beschäftigte. Er zeichnete zum Beispiel Landkarten, entwarf Pläne für eine Brücke über den Bosporus, um *Europa* mit Asien zu verbinden; er beobachtete Vögel und zeichnete danach Pläne für Flugmaschinen; denn wie viele Menschen vor und nach ihm träumte er davon, fliegen zu können. Er entwarf auch einen Fallschirm, den ein Engländer im Jahr 2000 nachbaute. Damit sprang der Mann – gegen viele Warnungen – aus 3000 Metern Höhe ab und segelte sicher zu Boden. Leonardos Fallschirm hatte sich nach 500 Jahren als zuverlässig erwiesen.

Während sich Leonardo in Mailand aufhielt, brach dort die Pest aus. Er erkannte den Zusammenhang zwischen Schmutz und Pest, entwickelte ein Abwassersystem und organisierte die erste Müllabfuhr, um die Stadt sauberer zu machen.

Das Universalgenie Leonardo da Vinci war seiner Zeit weit voraus, und er war sich seiner Verantwortung als Wissenschaftler und Erfinder so bewusst, wie man es sich von jedem Wissenschaftler wünschen möchte: »Ich weiß«, schrieb er, »wie man sich unter Wasser aufhalten und lange ohne Nahrung bleiben kann. Aber ich veröffentliche es nicht und erkläre es niemandem. Denn die Menschen sind böse und würden diese Kunst dazu verwenden, um auch auf dem Meeresgrund zu morden. Sie würden den Boden der Schiffe anbohren und sie mit allen Menschen, die darinnen sind, versenken.«

Nikolaus Kopernikus

(1473–1543)

Wir sehen jeden Tag, wie die Sonne im Osten aufgeht, am Himmel entlangwandert und im Westen wieder untergeht. Das ist schon seit ewigen Zeiten so. Für die Menschen war Jahrtausende klar: Die Erde steht still und die Sonne kreist um die Erde. Zwar gab es schon im *antiken* Griechenland Gelehrte, die das bezweifelten und erklärten, die Sonne stehe fest und werde von der Erde umkreist. Doch ihre Ansicht setzte sich nicht durch. Beinahe 1500 Jahre galt das sogenannte geozentrische Weltbild mit der Erde als feststehendem Mittelpunkt, das Claudius Ptolemäus (um 100–160) beschrieben hatte. So stand es auch in der Bibel, und wer etwas anderes behauptete, musste damit rechnen, als *Ketzer* auf dem Scheiterhaufen verbrannt zu werden.

Das war die herrschende Lehre, als Nikolaus Kopernikus 1473 in Thorn (heute Torun in Polen) geboren wurde. Zusammen mit drei Geschwistern wuchs er in einem wohlhabenden und gebildeten Elternhaus heran. Doch die Mutter starb früh und der Vater, als Nikolaus zehn Jahre alt war. Lucas Watzenrode, der Onkel und spätere Bischof von Ermland, übernahm die Erziehung der Kinder. Dank des reichen Erbes war eine gute Ausbildung möglich. Nach der Schule studierte Nikolaus Kopernikus von 1491 bis 1494 an der Universität Krakau Mathematik,

Astrologie, Geografie und *Philosophie*. 1496 schickte ihn sein Onkel an die berühmte Universität nach Bologna, wo er Kirchenrecht studieren sollte. Und schließlich studierte er in Padua auch noch Medizin. Während der gesamten Studienzeit beschäftigte er sich mit Astrologie und *Astronomie*.

Im Jahre 1503 kehrte Kopernikus in seine Heimat zurück, wo ihm sein Onkel, der Bischof, am Dom zu Frauenburg eine gut bezahlte Stellung als Domherr auf Lebenszeit verschafft hatte. Doch statt in der Kirchenverwaltung zu arbeiten, wurde Kopernikus für sieben Jahre Sekretär, Leibarzt und Vertrauter seines Onkels. Lucas Watzenrode ließ seinem Neffen viel Freiheit, die dieser nutzte, um intensiv sein Hobby zu betreiben: die Himmelskunde. Dafür stand ihm auch eine Sternwarte zur Verfügung. Je länger er die Vorgänge am Himmel beobachtete und versuchte, die Bahnen der Planeten zu berechnen, desto mehr entdeckte er »sehr viel Angreifbares« am geozentrischen Weltbild. Schritt für Schritt näherte er sich folgender Erkenntnis: Alle Bewegungen am Himmel rühren daher, dass sich die Erde einmal pro Jahr um die Sonne und einmal pro Tag um die eigene Achse dreht. Einige Zeit behielt Kopernikus das Wissen vom neuen *»heliozentrischen Weltbild«* für sich. Doch irgendwann vertraute er es seinen besten Freunden an, verlangte von ihnen aber absolute Verschwiegenheit. Denn als Kirchenrechtler wusste er, welche Strafe auf *Ketzerei* stand.

In den folgenden Jahren verfeinerte er seine Berechnungen und schrieb das Buch »Über die Umdrehungen der Himmelskörper«. Als er schon auf die 70 zuging, entschloss er sich schließlich, sein Hauptwerk zu veröffentlichen. Da erlitt er einen Schlaganfall, von dem er sich nicht mehr erholte. Aber er soll auf dem Sterbebett noch das erste Exemplar seines Buches in den Händen gehalten haben.

Anfangs wurde das Buch kaum beachtet und galt nur als ein mathematisches Modell für Experten. Erst gegen Ende des 16. Jahrhunderts wurde erkannt, welche Gefahr für das herrschende Denken und Glauben in der »kopernikanischen Wende« steckte.

Für die Protestanten brachte **Martin Luther** die Ablehnung auf den Punkt: »Der Narr will mir die ganze Kunst Astronomia umkehren! Aber wie die Heilige Schrift zeigt, hieß Josua die Sonne stillstehen und nicht die Erde!«

Die katholische Kirche setzte das Buch auf den Index verbotener Schriften für gläubige Katholiken und verfolgte Gelehrte, die Kopernikus zustimmten. Erst 1835 wurde das Buch vom Index gestrichen. Doch das interessierte nicht mehr, denn das heliozentrische Weltbild hatte sich trotz des heftigen Widerstands der Kirchen längst als Wahrheit durchgesetzt.

Michelangelo

(1475–1564)

23 Jahre nach **Leonardo da Vinci** wurde in dem kleinen toskanischen Dorf Caprese ein Junge geboren und auf den Namen Michelagniolo di Ludovico di Lionardo di Buonarroti Simoni getauft. Sein Vater war Beamter und zog mit der Familie wenig später nach Florenz. Dort verbrachte Michelangelo, wie er bald nur noch genannt wurde, seine Kindheit und Jugend. Sein Berufswunsch stand schon früh fest: Er wollte Künstler werden. Damit war sein Vater nicht einverstanden, weil das in seinen Augen kein vernünftiger Brotberuf und obendrein nicht standesgemäß war. Sein Sohn sollte einen anständigen Beruf lernen, mit dem er seiner Familie Ehre machen konnte. Doch die Familienehre interessierte Michelangelo nicht, ihn interessierte die Kunst, sonst nichts. Hier zeigte sich schon eine Eigenschaft, die seine Mitmenschen auch später oft verärgerte: Michelangelo galt als störrischer, arroganter Eigenbrötler, der seinen Willen durchsetzen wollte und nur seine Arbeit im Kopf hatte.

Wegen der Berufswahl kam es häufig zu Streitereien zwischen Vater und Sohn, bis der Vater schließlich nachgab. Mit 13 Jahren durfte Michelangelo bei dem Maler Domenico Ghirlandaio in die Lehre gehen. Schnell wurde seine außergewöhnliche Begabung erkannt und schon nach einem Jahr wechselte er in die Kunstschule der de' Medici. Lorenzo de' Medici war

Stadtherr von Florenz und erhielt den Beinamen »der Prächtige«, weil er Literatur, Malerei und Bildhauerei großzügig förderte. Er nahm Michelangelo in seinem Palast auf und gab ihm die Möglichkeit, bei den besten Lehrern zu lernen. Es zeigte sich bald, dass er Figuren aus Steinen meißeln konnte, die lebendiger wirkten als die der alten Meister. Um die Figuren noch vollkommener gestalten zu können, wollte Michelangelo die Menschen genauer sehen und erkennen lernen. Dazu ging er – wie Leonardo da Vinci – heimlich in die Leichenkammer eines Krankenhauses, wo er die Toten sezierte.

Als Lorenzo de' Medici 1492 mit nur 43 Jahren überraschend starb, folgte ihm sein Sohn Piero de' Medici als Stadtherr. Er hatte jedoch nicht die Fähigkeiten seines Vaters und war völlig überfordert. Es zeichnete sich ab, dass er sich nicht lange würde halten können.

Michelangelo verließ Florenz und ging nach Bologna, kehrte für zwei Jahre nach Florenz zurück und machte sich dann auf den Weg nach Rom. Dort schuf er im Alter von 24 Jahren die Marmorstatue *»La Pietà«*, die noch heute im Petersdom bewundert werden kann.

1501 kehrte er nach Florenz zurück. Im Domgarten lagerte ein großer Carrara-Marmorblock, aus dem schon früher zwei Bildhauer den biblischen David vor seinem Kampf gegen den Riesen Goliath meißeln sollten. Beide schafften es nicht. Nun versuchte es Michelangelo – und schuf in dreijähriger Arbeit eine über vier Meter hohe Statue, wie die Welt noch keine gesehen hatte. Nach der »Pietà« machte sein »David« Michelangelo so berühmt, dass er viele Aufträge bekam. Zeitweise arbeitete er in verschiedenen Städten an mehreren Projekten;

manche blieben unvollendet. Aber eine Arbeit vollendete er: die Deckenbemalung der Sixtinischen Kapelle im Vatikan. Zuerst wollte er den Auftrag des Papstes allerdings nicht annehmen, weil er sich nicht als Maler, sondern als Bildhauer fühlte. Doch schließlich willigte er ein. Anfangs hatte er einige Gesellen, die ihm helfen sollten. Doch er war nicht zufrieden mit ihnen, schickte sie weg und arbeitete allein weiter. Die meiste Zeit musste er auf dem Rücken liegend malen, was sehr anstrengend war. Viereinhalb Jahre, von 1508 bis 1512, dauerte die Arbeit an dem riesigen Gemälde mit fast 300 Figuren. Die vielen Einzelbilder stellen die Schöpfungsgeschichte von der Erschaffung der Welt bis zur Sintflut so dar, wie Michelangelo sie sah. Ins Zentrum stellte er den Augenblick, als Gott mit ausgestrecktem Finger Adam zum Leben erweckt.

Dem Papst und seinen Kardinälen waren viele Figuren zu nackt. Nachdem Michelangelo gestorben war, ließen sie alle Geschlechtsteile übermalen. Erst bei den Restaurierungen von 1980 bis 1994 wurde das Gemälde wieder in seinen ursprünglichen Zustand zurückversetzt.

Martin Luther

(1483–1546)

Ein Gewitter hat das Leben eines jungen Mannes radikal verändert und damit auch die Weltgeschichte. Das klingt so ungewöhnlich, dass man sich fragt, wie das möglich war.

Martin Luther sollte eigentlich Rechtswissenschaften studieren, um später am Fürstenhof eine Stelle zu erhalten. So wollte es der Vater. Doch dann kam es ganz anders!

Am 2. Juli 1505 geriet Luther in ein schweres Gewitter. In seiner Angst, vom Blitz erschlagen zu werden, gelobte er, Mönch zu werden, wenn er überleben würde. Und zwei Wochen später trat er gegen den Willen seines Vaters in das Augustinerkloster in Erfurt ein. Er lebte nach den sehr strengen Ordensregeln und lernte so fleißig, dass er schon nach knapp zwei Jahren zum Priester geweiht wurde.

Dann studierte er an der Universität Wittenberg Theologie und wurde dort 1512 Professor. Luther beschäftigte, ja plagte die Frage, wie man leben müsse, um eines Tages vor Gott treten zu können, ohne von ihm bestraft zu werden. Er fand lange keine Antwort und verzweifelte beinahe. Schließlich erkannte er durch intensives Studium der Bibel, dass Gott – anders, als es die Kirche lehrte – kein mitleidsloser, strafender, sondern ein gnädiger, barmherziger Gott ist; ein Gott, der die reuigen Sünder von ihrer Schuld erlöst.

Das war ein schwieriger Lernprozess, denn die damalige Kirchenlehre behauptete, dass man nach dem Tod durch das Fegefeuer gehen müsse, um von allen Sünden gereinigt zu werden; erst dann könne man in den Himmel kommen. Diese unermesslichen Qualen aber konnte die Kirche den Gläubigen ganz oder teilweise erlassen, wenn sie dafür einen »Ablass« bezahlten. Für diesen »Ablasshandel« schickten die Kirchenfürsten Ablassprediger durch die Lande, die den Gläubigen das Geld aus der Tasche zogen.

Als Martin Luther davon hörte, war er zutiefst empört und wandte sich im Oktober 1517 mit seinen Lehrsätzen, den 95 Thesen, dagegen. Er begründete mit Bibelstellen, dass die Ablassprediger sich entweder irrten oder den Leuten bewusst etwas vorschwindelten, wenn sie ihnen erzählten, durch Geld könnten sie von allen Strafen befreit werden. »Ein jeder Christ, der wahre Reue und Leid empfindet über seine Sünden, hat die völlige Vergebung von Strafe und Schuld auch ohne Ablass, allein durch die Gnade Gottes«, schrieb er.

Luthers Thesen erregten Aufsehen. Innerhalb kurzer Zeit wurden sie in großer Zahl gedruckt und verbreitet. Luthers Schüler trugen seine Gedanken aus der Universität hinaus ins Land. Die Menschen begriffen, dass es dem Papst und den Bischöfen nicht um ihr Seelenheil, sondern allein um ihr Geld ging.

Das konnte die Kirche natürlich nicht dulden. Zuerst versuchten hohe Geistliche, Luther »auf den rechten Weg zurückzuführen«. Doch er verteidigte seine Thesen. Schließlich verlangte der Papst von ihm, seine »Irrlehren« zu widerrufen. Doch dazu war Luther nicht bereit. Da wurde er aus der Kirche ausgeschlossen und seine Schriften wurden verboten.

Auch Kaiser Karl V. hörte von dem »widerspenstigen Mönch« und lud ihn im Jahr 1521 vor den *Reichstag* zu Worms, um dem Spuk ein Ende zu machen. Luther war bereit zu widerrufen – wenn ihm jemand mit Stellen aus der Bibel beweisen konnte, dass seine Lehre falsch war. Doch der Kaiser und die Fürsten wollten nicht mit Luther über Glaubensfragen diskutieren, sie wollten seinen Widerruf. Luther aber blieb standhaft und wäre wohl als *Ketzer* auf dem Scheiterhaufen gelandet, wenn ihn sein Landesherr, Friedrich der Weise von Sachsen, nicht beschützt und versteckt hätte.

Von Mai 1521 bis März 1522 lebte Luther als »Junker Jörg« auf der Wartburg bei Eisenach und übersetzte dort die Bibel erstmals ins Deutsche.

Luther wollte die Kirche nicht spalten, sondern reformieren. Doch die Kirchenfürsten waren zu Reformen nicht bereit. Und so kam es schließlich zur Spaltung und zu einer neuen, der protestantischen Kirche.

Am 27. Juni 1525 legte Martin Luther seine Mönchskutte ab, heiratete die ehemalige Nonne Katharina von Bora und hatte mit ihr sechs Kinder.

Heinrich VIII.

(1491–1547)

Heinrich VIII. ist wohl der berühmteste und umstrittenste König in der langen englischen Geschichte. Viele wissen von ihm vor allem, dass er sechs Mal verheiratet war und zwei seiner Frauen köpfen ließ. Das mag ein trauriger Rekord sein, wäre aber kein Grund, hier von ihm zu erzählen.

Heinrich war das dritte Kind und der zweite Sohn des englischen Königs Heinrich VII. und seiner Frau Elisabeth von York. Als Zweiter in der Thronfolge erhielt er eine umfassende, aber längst nicht so strenge Ausbildung wie sein älterer Bruder Arthur. Auf dem Stundenplan standen Sprachen, Literatur, Geschichte, Musik und Poesie. Auch die körperliche Ertüchtigung, also Sport, und der Umgang mit Waffen gehörten dazu. Nach zeitgenössischen Berichten war Heinrich ein guter und vor allem sehr sportlicher Schüler. Besonders gern spielte er Tennis und Fußball.

Doch als er zehn Jahre alt war, änderte sich Heinrichs Leben schlagartig: Sein 15-jähriger Bruder hatte die gleichaltrige spanische Prinzessin Katharina von Aragón geheiratet, fünf Monate später starb er völlig überraschend. Nun war Heinrich Thronfolger und musste auf seine Aufgaben als König vorbereitet werden. Außerdem verlangte sein Vater, dass er die Witwe seines Bruders heiraten sollte, sobald er alt genug dafür war.

Vermutlich war Heinrich von beidem nicht gerade begeistert. Aber er fügte sich. Ein paar Jahre später schrieb der spanische Botschafter: »Er befand sich in vollständiger Unterwerfung zu seinem Vater und seiner Großmutter und öffnete niemals seinen Mund in der Öffentlichkeit ... Es war ihm nicht erlaubt, den Palast zu verlassen, außer für Sport, durch eine private Tür, die in den Park führte.«

Im April 1509 starb sein Vater und Heinrich wurde mit 18 Jahren König von England. Er war ein gut aussehender junger Mann, der mit seinen 1,90 Meter die meisten Mitmenschen überragte. Allerdings hatte er wenig Interesse an den Regierungsgeschäften; er trieb lieber Sport, ging auf die Jagd und nahm an Turnieren teil. Außerdem machte er gern Musik, komponierte auch und schrieb Gedichte. Bei den Leuten war er beliebt, sie jubelten ihm zu und hofften auf gute Zeiten.

Um das Bündnis mit Spanien zu stärken, heiratete Heinrich seine Schwägerin, so wie es sein Vater gewollt hatte. Damit die Thronfolge gesichert wurde, wünschte er sich einen Sohn. Doch das erste Kind war ein Mädchen und starb schon bei der Geburt. Ein Jahr später brachte Katharina einen Jungen zur Welt und die Freude war groß – bis Prinz Henry nach 52 Tagen starb. Katharina bekam noch mehrere Kinder, aber nur eines überlebte: Mary. Heinrich war enttäuscht; was sollte er mit einer Tochter? Die konnte ihm doch nicht auf den Thron folgen.

Weil er nicht mehr daran glaubte, dass seine Frau ihm den so sehr gewünschten Sohn schenkte, schaute er sich nach anderen Frauen um und wollte sich scheiden lassen. Doch das verweigerte der Papst. Daraufhin beschloss Heinrich 1529, sich und sein Land von der katholischen Kirche zu trennen. Mit Unterstützung des Parlaments löste er die Klöster auf und zog ihren Besitz ein. Alle Geistlichen mussten ihn als Oberhaupt der Kirche anerkennen. Heinrich ließ den Erzbischof von Canterbury seine Ehe für ungültig erklären, um wieder heiraten zu können. Und am 3. November 1534 beschloss das Parlament ein Gesetz, das den König zum »höchsten Oberhaupt der Kirche von England auf Erden« machte. Damit hatte England eine eigene, an den Ideen der protestantischen *Reformation* orientierte, unabhängige Kirche. Nun konnte der König die kirchliche Lehre bestimmen und die Geistlichen ernennen. Wer sich weigerte, die neue anglikanische Kirche und den König als ihr Oberhaupt anzuerkennen, wurde hingerichtet.

Aus dem gebildeten Prinzen war ein Tyrann geworden, der über Leichen ging, um seine Ziele zu erreichen. Weil er mit zunehmendem Alter immer dicker wurde, nannte ihn der Dichter Charles Dickens (1812–1870) den »Blut- und Fettfleck im Buch der englischen Geschichte«. Dass Heinrich VIII. mit seiner Politik, vor allem mit dem weitsichtigen Ausbau der Marine den Grundstein für die spätere Weltmachtstellung Englands legte, wird oft übersehen. Und die von ihm gegründete anglikanische Kirche gibt es bis heute; ihr Oberhaupt ist zurzeit Königin Elisabeth II.

Galileo Galilei

(1564–1642)

»Galileo« heißen Fernsehsendungen und Zeitschriften, in denen auf unterhaltsame Weise erklärt wird, wie bestimmte Dinge funktionieren. Den Namen »Galileo« haben die Macher sehr bewusst gewählt; sie wollen damit andeuten, dass es bei ihnen um Wissenschaft geht. Denn Galileo Galilei hat sein Leben lang gefragt, wie die Dinge funktionieren. Und weil er sehr neugierig war, versuchte er durch Experimente und Messungen Antworten zu finden. »Die Neugier steht immer an erster Stelle eines Problems, das gelöst werden will«, schrieb er. Mit seiner Methode hat er die moderne Physik begründet.

Galileo Galilei wurde am 15. Februar 1564 in Pisa geboren. Bis zu seinem zehnten Lebensjahr unterrichtete ihn sein Vater. Dann zog die Familie nach Florenz, wo Galilei erstmals eine Schule besuchte. Als er 17 Jahre alt war, schickte ihn sein Vater zum Studium der Medizin nach Pisa. Doch Galilei wollte nicht Arzt werden. Er interessierte sich viel mehr für Mathematik, schrieb bald erste Abhandlungen über seine Experimente und erhielt schon mit 25 Jahren eine Professorenstelle an der Universität Pisa, obwohl er kein Examen gemacht hatte und keinen Abschluss vorweisen konnte. Neben seiner Lehrtätigkeit tüftelte er am liebsten in seiner kleinen Werkstatt. Das tat er auch nach seinem Wechsel an die Universität von Padua im

Jahr 1592. Im Lauf der Zeit hat er den Kompass verbessert, ein Fieberthermometer, ein Barometer, einen Proportionszirkel, eine Art Rechenschieber und noch einiges mehr erfunden.

Im Herbst 1608 hörte er, dass ein Brillenmacher in Holland ein Gerät erfunden hatte, mit dem er entfernte Dinge wie aus der Nähe sehen konnte. Galilei erkannte sofort die Bedeutung dieser Erfindung, informierte sich und baute ein eigenes, wesentlich besseres Fernrohr mit einer 30-fachen Vergrößerung nach. Damit konnte er als erster Mensch in den Weltraum sehen.

Er entdeckte, dass die Mondoberfläche nicht glatt, sondern von Bergen und Kratern überzogen ist. Er erkannte, dass die Milchstraße aus unzähligen Sternen besteht, dass die Sonne Flecken und der Jupiter mehrere Monde hat.

Galilei veröffentlichte seine Beobachtungen in dem Buch »Nachricht von neuen Sternen«. Obwohl er sich darin noch nicht ausdrücklich zum *»heliozentrischen Weltbild«* bekannte, verbot ihm der Papst, solche ketzerischen Ansichten zu verbreiten. Galilei hielt sich zunächst an das Verbot, beobachtete aber weiter die Himmelskörper und zog seine Schlüsse.

Als im Jahr 1623 mit Papst Urban VIII. ein Förderer der Wissenschaften das höchste Amt in der katholischen Kirche übernahm, schöpfte Galilei neue Hoffnung. Mit dessen Einverständnis schrieb er einen »Dialog über die beiden hauptsächlichen Weltsysteme«. Natürlich erwartete der Papst, dass bei diesem Dialog das von **Nikolaus Kopernikus** dargelegte Weltsystem als falsch verworfen wurde. Doch Galilei ließ das ptolemäische Weltsystem von dem offensichtlichen Dummkopf Simplicio darstellen und verteidigen, sodass jedermann erkannte, welche Lehre Galilei für richtig hielt. Die Kirchenfürsten waren empört, ließen ihn verhaften und nach Rom bringen. Dort klagte ihn die *Inquisition*, das Kirchengericht, wegen *Ketzerei* an. Galilei wusste, dass ihm nun der Scheiterhaufen drohte. Da unterwarf er sich der kirchlichen Macht und widerrief seine Aussagen. Daraufhin wurde er zu lebenslänglicher Haft verurteilt, durfte die Strafe aber als Hausarrest in seinem Landhaus in Arcetri bei Florenz »absitzen«. Später wurde erzählt, nach dem Prozess habe er seinen Widerruf beim Verlassen des Gerichtssaals mit dem Satz »Und sie bewegt sich doch!« sozusagen widerrufen. Dafür gibt es keinen Beleg.

Belegt ist aber folgende Aussage: »Ich glaube, dass es in der Welt keinen größeren Hass gibt als den der Unwissenheit gegen das Wissen.« Das hat er am eigenen Leib erfahren.

Die katholische Kirche brauchte über 300 Jahre, bis sie sich von dem ungerechten Urteil gegen Galileo Galilei distanzierte und es widerrief. Erst Papst Johannes Paul II. war im Jahr 1992 dazu bereit.

William Shakespeare

(1564–1616)

Hat er oder hat er nicht? Das ist hier nicht die Frage. Denn alle Versuche, William Shakespeare die Urheberschaft an seinen Werken streitig zu machen, sind letztlich gescheitert. Niemand konnte bisher beweisen, dass ein anderer die Werke geschrieben hat.

Shakespeares Vater war ein angesehener Handschuhmacher, seine Mutter stammte aus altem, aber verarmtem Adel. Die Familie lebte in dem mittelenglischen Städtchen Stratford-upon-Avon.

Dort ging William in die Lateinschule. Die Hauptfächer waren Lateinische Sprache, Dichtung, Geschichte und Morallehre. Als William etwa 14 Jahre alt war, geriet die Familie in große finanzielle Schwierigkeiten. Vermutlich war das der Hauptgrund dafür, dass William keine Universität besuchen konnte.

Bereits mit 18 Jahren heiratete er die acht Jahre ältere Anne Hathaway, weil ein Kind unterwegs war. Ob es für William die große Liebe war, ist jedoch fraglich. Denn nach der Geburt von Zwillingen knapp zwei Jahre später zog er ohne seine Familie nach London. Und nebenbei bemerkt: In seinem Testament vermachte er seiner Frau nur das »zweitbeste« Bett; das beste sollte seine älteste Tochter Susanna bekommen.

Wann genau er in London ankam und was er dort getan hat, um seine Brötchen zu verdienen, ist nicht bekannt. Deswegen nennt die Shakespeare-Forschung die Zeit von 1585 bis 1592 »die verlorenen Jahre«. Dass er schon in dieser Zeit literarische Texte geschrieben hat, geht aus einer 1592 veröffentlichten Schmähschrift des Dichters Robert Greene hervor. Darin beschimpft er Shakespeare als »eine emporgekommene, vorlaute Krähe, die sich mit unseren Federn schmückt«. Obwohl er nicht einmal eine Universität besucht habe wie die richtigen Dichter, tue er so, als sei er der größte Theaterdichter in ganz England, ereiferte sich Greene.

Diese Beschimpfung zeigt deutlich, dass der junge Mann aus Stratford-upon-Avon in Londons Dichterkreisen zumindest wahrgenommen wurde. Aber er wollte mehr, wollte ernst genommen werden.

Shakespeare schrieb nicht nur Stücke für das Theater, er spielte auch selbst mit. Seit 1594 gehörte er als Schauspieler zur Truppe »Lord Chamberlains Men«, einer der führenden Schauspieltruppen Londons. Shakespeares Stücke waren bald so beliebt, dass die Truppe sich ein eigenes Theater leisten konnte, das »Globe Theatre«. Und weil Shakespeare nicht nur ein genialer Stückeschreiber, sondern auch ein geschickter Geschäftsmann war, beteiligte er sich mit 12,5 Prozent an dem Theater und bekam von allen Einnahmen seinen Anteil. Dank seiner Stücke und ein paar guter Schauspieler (zu denen er selbst nicht gehörte) wurde das »Globe Theatre« zum besten und erfolgreichsten Theater Londons und Shakespeare zu einem wohlhabenden Mann.

Was war nun das Neue an Shakespeares Dramen, Tragödien und Komödien? Er stellte Menschen als »gemischte Charaktere«

in den Mittelpunkt der Handlung; also Menschen, die sowohl gute als auch schlechte Eigenschaften in sich tragen. Diese Menschen aus Fleisch und Blut durchleben und durchleiden Konflikte, auch in ihrem Inneren. Mit großer sprachlicher Kraft, meisterhafter psychologischer Gestaltung der Personen und einer bis dahin nie gesehenen bühnenwirksamen Aufbereitung lässt Shakespeare die Zuschauer diese Konflikte miterleben – bis heute. Denn obwohl seine insgesamt 37 Stücke rund 400 Jahre alt sind, stehen viele von ihnen jedes Jahr auf den Spielplänen der Theater in aller Welt. Man denke nur an »Romeo und Julia«, »Der Kaufmann von Venedig«, »Othello«, »Hamlet«, »Macbeth«, »Viel Lärm um nichts«, »Was ihr wollt«, »Ende gut, alles gut« oder auch an **»Heinrich VIII.«**.

Sein umfangreiches Werk hat William Shakespeare in nur 20 Jahren geschaffen. Das zehrte an seinen Kräften. Als er 46 Jahre alt war, kehrte er nach Stratford-upon-Avon zurück, wo er sechs Jahre später starb.

Mit seinen Stücken hat er nicht nur das Theater, sondern die Weltliteratur so nachhaltig beeinflusst wie kein anderer Dichter.

René Descartes

(1596–1650)

Auch wer den Namen René Descartes noch nie gehört hat, hat bestimmt schon mal seinen berühmtesten Satz gehört: »Cogito ergo sum« – vermutlich nicht auf Lateinisch, sondern auf Deutsch: »Ich denke, also bin ich.«

In der Weltgeschichte gibt es nur wenige Menschen, die mit einem einzigen Satz für so viel Aufsehen sorgten. Wer war der Mann, dem das gelungen ist?

René Descartes wurde als drittes Kind einer adligen französischen Familie geboren. Seine Mutter starb ein Jahr später bei der Geburt ihres vierten Kindes. Sein Vater, ein Gerichtsrat, heiratete bald danach wieder. Die Großmutter mütterlicherseits nahm den kleinen René zu sich und kümmerte sich zusammen mit einer Amme um ihn. Im Alter von etwa zehn Jahren wurde er als Internatsschüler auf ein *Jesuitenkolleg* geschickt, wo er eine gute Schulbildung erhielt. Anschließend studierte er an der Universität Poitiers Medizin, Rechtswissenschaften und Mathematik. Aber irgendwie schien ihm das dort vermittelte Wissen nicht zu genügen. Er sehnte sich nach der Erkenntnis »all dessen, was für das Leben wichtig ist«. Weil ihm die Universität diese Erkenntnis nicht bieten konnte, wollte er neue Erfahrungen draußen in der Welt sammeln. Und genau zu dieser Zeit begann 1618 der *Dreißigjährige Krieg*. Descartes meldete sich freiwillig zum Militär und kam als Soldat durch halb *Europa*. Was er dabei erlebt hat, ist nicht überliefert. Aber eines Nachts soll er in der Nähe von Ulm drei Träume gehabt haben, die seinem Leben eine entscheidende Wendung gaben: Diese Träume sagten ihm, er sei zum Wissenschaftler berufen und habe die Aufgabe, eine »universale Methode zur Erforschung der Wahrheit« zu finden.

Descartes beendete das Soldatenleben und zog ein paar Jahre als Zivilist durch die Lande, um »im Buch der Welt zu studieren«, wie er seinem Vater schrieb. Von 1625 bis 1628 lebte er in Paris, wo er in gebildeten Kreisen verkehrte und sich mit Wissenschaftlern der verschiedensten Gebiete austauschte. In dieser Zeit beschäftigte er sich besonders mit Mathematik und *Philosophie*. Dabei wurde ihm immer klarer, dass er nicht mehr einfach glauben durfte, was seit Jahrhunderten gelehrt wurde und als wahr galt. Er wollte Beweise für alles. Und dafür musste man sozusagen bei null anfangen. Er akzeptierte nichts mehr, was von vornherein festzustehen schien. Deswegen stellte er alle bis dahin gültigen Ansichten über den Menschen, über Religion, Staat und Gesellschaft auf den Prüfstand. Alles müsse kritisch befragt und dem strengen Urteil des Verstandes unterzogen werden. Was dieser rationalen Überprüfung nicht standhielt, wurde – wie bei wissenschaftlichen Experimenten – verworfen. Nur was der Mensch mit seiner Vernunft erkennen könne, sei wahr, schrieb er.

Weil Descartes wusste, dass seine Gedanken bei den Herrschenden, vor allem aber bei der katholischen Kirche nicht erwünscht waren, ging er 1629 ins freiheitlichere Holland, wo er sehr zurückgezogen lebte und an seinem Buch »Die Welt«

arbeitete. Als er damit beinahe fertig war, erfuhr er vom Prozess gegen **Galileo Galilei.** Und weil er nicht als *Ketzer* vor der *Inquisition* landen wollte, ließ er das Buch nicht drucken.

Er arbeitete aber trotzdem weiter und veröffentlichte seine ersten Schriften zur Sicherheit anonym. 1637 erschien seine »Abhandlung über die Methode des richtigen Vernunftgebrauchs und der wissenschaftlichen Wahrheitsforschung«, vier Jahre später sein Hauptwerk »*Meditationen* über die Grundlagen der Philosophie«.

Mit seinem Denken und seinen Arbeiten schuf Descartes wichtige Grundlagen für die modernen Wissenschaften; er wurde zum Wegbereiter der *Aufklärung* und zu einem neuen »Zeitalter der Vernunft«.

Im Sommer 1649 folgte er einer Einladung der Königin Christine von Schweden nach Stockholm. Dort erkrankte er und starb am 11. Februar 1650. Offizielle Todesursache war eine Lungenentzündung. Allerdings wurde schon damals gemunkelt, er sei vergiftet worden. Bewiesen wurde das nie.

Ludwig XIV.

(1638–1715)

»L'état c'est moi!« – »Der Staat bin ich!« Kaum ein Satz eines Herrschers ist so bekannt wie dieser Ausspruch Ludwigs XIV. Er bestieg 1643 im Alter von vier Jahren den französischen Thron und blieb 72 Jahre lang König. Kein Herrscher hat jemals länger regiert. Natürlich tat er das als Kind noch nicht selbst; seine Mutter und ihr Vertrauter, der erste Minister Kardinal Mazarin, regierten für ihn. Der Kardinal wachte auch über die Erziehung des jungen Königs, damit der alles lernte, was ein Herrscher wissen und können muss.

Als Kardinal Mazarin 1661 starb, rief Ludwig den Staatsrat zu sich und erklärte: »Ich habe Sie hierherkommen lassen, um Ihnen zu sagen, dass ich nunmehr meine Angelegenheiten selbst in die Hand nehmen werde. Sie werden mir mit Ihrem Rat zur Seite stehn, wenn ich Sie darum bitte.« Auf die Frage eines Geistlichen, an wen er sich nach dem Tod von Kardinal Mazarin wenden solle, antwortete Ludwig: »An mich, Herr Erzbischof!«

Weil Ludwig in seinem Reich allein bestimmen wollte, scharte er als Erstes Männer um sich, die ihm bedingungslos gehorchten. Die hohen Adligen, die glaubten, sie hätten ein Recht auf bestimmte Positionen, entmachtete er geschickt: Offiziell waren sie seine Berater und mussten bei ihm am Hof leben –

aber nur, damit er sie unter Kontrolle hatte. Um Rat fragte er sie so gut wie nie.

Sämtliche Steuern und Zolleinnahmen wanderten in die Staatskasse, und Ludwig bestimmte, wofür das Geld verwendet wurde. Er nahm auch das Recht für sich in Anspruch, Gesetze zu erlassen, selbst über Krieg und Frieden entschied er allein. Er besaß die ganze, die absolute Macht im Staat. Weil es damals auch in anderen Ländern Könige gab, die allein regierten, spricht man vom »Zeitalter des *Absolutismus*«.

Ludwig XIV. verglich sich selbst mit der Sonne und wurde deswegen auch »Sonnenkönig« genannt. Ob er den oben zitierten berühmten Satz wirklich gesagt hat, ist nicht sicher, zuzutrauen wäre er ihm, denn verhalten hat er sich so.

In Versailles ließ der König ein riesiges Schloss mit 1300 Räumen bauen. Nach heutiger Währung hat es ungefähr 25 bis 30 Milliarden Euro gekostet; damals wie heute eine riesige Summe. Während die Menschen im Land hungerten und die Soldaten in einem der vielen Kriege verstümmelt oder getötet wurden, bestellte der König sündhaft teure Orangenbäume für den Park.

Als das Prunkschloss nach vielen Jahren fertig war, lebten mehr als 10.000 Menschen dort. 4000 von ihnen mussten dem König ständig zur Verfügung stehen. Vom Ankleiden am Morgen bis zum Auskleiden am Abend glich alles, was er tat, einem Schauspiel mit ihm als Hauptdarsteller und vielen, vielen Komparsen. Alles war bis ins Kleinste geregelt. So durfte ihm zum Beispiel morgens nur sein Bruder oder einer der nächsten Verwandten das Hemd reichen. Auch wer bei den Mahlzeiten im Raum an welchem Platz stehen oder sitzen durfte, war festgelegt. Und die größte Ehre war es, mit dem König speisen zu dürfen. Wie der Bau des Schlosses, so kostete auch das prunkvolle, verschwenderische Leben »bei Hofe« viel Geld. Dazu kam noch eine große Armee, die ebenfalls sehr teuer war.

Als Ludwig 1715 starb, hinterließ er einen Staat, der nach außen zwar noch immer glänzte, im Innern aber große Probleme hatte und vor dem finanziellen Ruin stand. Sein Tod wurde vom Volk bejubelt und ein abgeändertes Gebet machte die Runde: »Vater unser, der du bist in Versailles, geheiligt werde dein Name nicht länger. Dein Reich ist nicht mehr groß, dein Wille geschehe nicht mehr zu Lande und zu Wasser. Gib uns unser tägliches Brot, das uns vollständig fehlt. Amen.«

Das französische Volk lebte in so elenden Verhältnissen wie noch niemals zuvor und die Unzufriedenheit wuchs. So wurde der »Sonnenkönig« ungewollt zum Wegbereiter für die *Französische Revolution*, die 1789 ausbrach und das alte Regime stürzte.

Isaac Newton

(1643–1727)

Sehen können wir es nicht, spüren können wir es nicht, glauben können wir es kaum, und doch wissen wir, dass sich die Erde mit rasender Geschwindigkeit um sich selber dreht. In Hamburg zum Beispiel mit etwa 1000 Stundenkilometern.

»Und warum werden wir dann nicht von der Erde geschleudert?«, fragt jedes Kind, dem man das erzählt.

Weil wir von einer unsichtbaren Kraft auf ihr festgehalten werden, lautet die Antwort. Diese Kraft hat vor mehr als 300 Jahren einer der bedeutendsten Wissenschaftler aller Zeiten entdeckt: Isaac Newton.

Er kam in dem ostenglischen Dorf Woolsthorpe in der Nähe von Nottingham zur Welt. Sein Vater, ein wohlhabender und angesehener Landwirt und Schafzüchter, starb kurz vor der Geburt seines Sohnes.

Seine Mutter heiratete nach drei Jahren einen Geistlichen und zog zu ihrem neuen Ehemann. Den kleinen, etwas schwächlichen Isaac ließ sie bei den Großeltern in Woolsthorpe. Er wuchs heran und besuchte die Dorfschule, wo er mehr durch sein eigenbrötlerisches und verschlossenes Wesen als durch besondere Leistungen auffiel. Von seinen Mitschülern wurde er häufig gehänselt und auch verprügelt. Deswegen zog er sich immer mehr zurück.

Nach dem Tod ihres zweiten Ehemanns kehrte Isaacs Mutter 1653 nach Woolsthorpe zurück und nahm ihren Sohn wieder zu sich. Doch die lange Trennung hatte bei ihm tiefe Spuren hinterlassen. Er war misstrauisch und tat sich schwer mit anderen Menschen, auch mit seiner Mutter. Am liebsten las er – wenn er ein Buch auftreiben konnte. Das war allerdings nicht so oft der Fall, denn in einem Dorf wie Woolsthorpe gab es damals noch nicht viele Bücher. Seiner Mutter war das gerade recht, denn Isaac sollte wie sein Vater Landwirt und Schafzüchter werden. Doch irgendwann sah sie ein, dass ihr Sohn für die schwere körperliche Arbeit auf einem Bauernhof nicht geeignet war.

Durch die Unterstützung eines Onkels konnte Newton an der Universität Cambridge eine Aufnahmeprüfung machen, die er bestand. Mit 18 Jahren begann er Jura zu studieren. Doch bald interessierte er sich mehr für Naturwissenschaften und Mathematik.

1665 wütete in London die Pest, und wie viele andere Einrichtungen wurde auch die Universität Cambridge geschlossen. Newton wusste nicht so recht wohin und kehrte nach Woolsthorpe zurück, wo er sich mit mathematischen und physikalischen Fragen beschäftigte.

Aus jener Zeit gibt es eine schöne Geschichte: Newton saß an einem Sommertag im Schatten eines Apfelbaumes. Und wie er so dasaß und über etwas nachdachte, fiel ihm plötzlich ein Apfel auf den Kopf. Zuerst schimpfte er und fragte sich, warum der Apfel ausgerechnet auf seinen Kopf gefallen war. Warum fielen Äpfel überhaupt nach unten? Die Sonne und der Mond fielen doch auch nicht nach unten, obwohl sie viel schwerer waren als ein Apfel – aber warum eigentlich nicht? Es musste also eine Kraft geben, die den Apfel gleichsam nach unten zog, die das aber bei der Sonne und dem Mond nicht schaffte.

Ob diese Apfelgeschichte nun stimmt oder nicht, jedenfalls hat Newton in jener Zeit die Schwerkraft oder Gravitation entdeckt. Ihm wurde bewusst, dass jeder Körper von jedem anderen angezogen wird, und zwar umso stärker, je größer die Masse der Körper und je kleiner die Entfernung zwischen ihnen ist. Mithilfe von Newtons Erkenntnissen ließen sich die Bewegungen der Himmelskörper erklären und genau berechnen. Doch Newton entwickelte nicht »nur« die Gravitationstheorie, er gelangte auch in der Mathematik und der Physik, besonders auf dem Gebiet der Optik, zu Erkenntnissen, die zu den wichtigsten der neuzeitlichen Wissenschaft zählen.

Isaac Newton war der erste Wissenschaftler, der geadelt wurde. Als er starb, fand die Trauerfeier in der Londoner Westminster Abbey statt. Ein Redner sagte: »Isaac Newton hat die Welt verändert, und das mehr als jeder Feldherr und jeder Herrscher« – nur mit der Kraft seines Verstandes und ohne jede Gewalt, möchte man am liebsten hinzufügen.

Johann Sebastian Bach

(1685–1750)

»Nicht Bach, sondern Meer sollte er heißen.« Mit diesem Satz hat **Ludwig van Beethoven** seine Hochachtung vor Bachs Werk ausgedrückt. So wie es viele Bäche gibt, die ins Meer fließen, so gibt es auch viele Musiker, die mit ihren Werken sozusagen »die Musik speisen«.

Doch für Beethoven war Bach eben nicht nur einer dieser vielen Musiker, sondern wirklich herausragend. Er nahm auf, was es in seiner Zeit an Musik gab, und schuf daraus so viel Neues, dass die Musiker nach ihm aus dem Bach'schen Meer schöpfen konnten.

Johann Sebastian Bach wurde im thüringischen Eisenach geboren und entstammte einer Musikerfamilie, die seit 150 Jahren immer wieder Hof- und Kirchenmusiker hervorgebracht hatte. Auch sein Vater war Berufsmusiker und selbstverständlich wurde im Hause Bach täglich musiziert.

Johann Sebastian hatte sieben ältere Geschwister. Als er neun Jahre alt war, starb die Mutter, ein knappes Jahr später auch der Vater.

Der 13 Jahre ältere Bruder Johann Christoph nahm die beiden jüngsten Buben zu sich. Er war Organist an der Michaeliskirche in Ohrdruf. Von ihm lernte Johann Sebastian das Klavierspiel und hörte ihm zu, wenn er in der Kirche auf der Orgel spielte. Das klang so wunderbar, dass sich Johann Sebastian bald nichts mehr wünschte, als auch Orgel zu spielen. Doch das erlaubte sein Bruder nicht.

Aus dieser Zeit ist folgende Geschichte überliefert: Johann Sebastian schlich in einer Vollmondnacht zu dem Schrank, in dem sein Bruder die Notenblätter für das Orgelspiel aufbewahrte, nahm eines heraus und schrieb es im Mondschein ab. So machte er es auch in den folgenden Nächten. Während er die Noten abschrieb, stellte er sich vor, wie er sie auf der Orgel spielte, und hörte schon die Musik. Doch bevor er sich zum ersten Mal an die Orgel traute, erwischte ihn sein Bruder eines Nachts und schimpfte ihn einen undankbaren Kerl und einen gemeinen Dieb, der das teure Notenpapier sinnlos verschwende. Johann Sebastian musste alles wieder abgeben, war niedergeschlagen und traurig.

Einige Tage später setzte er sich zum ersten Mal wieder ans Klavier – und spielte die Stücke, die er abgeschrieben hatte. Der große Bruder kam ins Zimmer gestürmt, weil er glaubte, Johann Sebastian habe schon wieder Notenblätter gestohlen. Als er sah, dass der auswendig spielte, verschlug es ihm die Sprache. Johann Christoph Bach begriff, dass sein kleiner Bruder ihn überholt hatte, und erlaubte ihm nun, auf der Orgel zu spielen.

Mit 15 Jahren erhielt Johann Sebastian ein Stipendium für die Michaelisschule in Lüneburg, wo er als Gegenleistung im Chor mitsingen musste.

Nachdem er die Schule erfolgreich abgeschlossen hatte, wurde er 1703 Geiger im herzoglichen Kammerorchester, bekam die Stelle als Organist in Arnstadt und verdiente sein erstes

Geld. Weil Bach wohl kein einfacher Mensch war, kam es öfter zu Streit mit seinen Arbeitgebern, sodass er mehrfach die Stelle wechselte.

Mit 22 Jahren heiratete er Maria Barbara Bach, eine Cousine zweiten Grades, und hatte mit ihr sieben Kinder. Nach ihrem frühen Tod heiratete Bach die fürstliche Kammersängerin Anna Magdalena Wilcke und wurde noch 13-mal Vater. Von den 20 Kindern erreichte nur die Hälfte das Erwachsenenalter.

Neben seinen beruflichen Pflichten als Lehrer und Kantor und seinen Aufgaben als Vater komponierte Bach, wann immer er Zeit dazu fand. Und weil er sehr christlich war, komponierte er häufig Kirchenmusik. Denn seine Hauptaufgabe sah er darin, Gott mit seiner Musik zu preisen. Das Urteil der Menschen war ihm nicht so wichtig. Weil seine Matthäus- und Johannes-Passion, die h-Moll-Messe, das Weihnachts-Oratorium so anders als das Gewohnte waren, galten sie vielen schon zu Bachs Lebzeiten als zu schwierig. 1737 warf ihm ein Musikkritiker vor, seiner Musik mangele es an »Annehmlichkeit«, und er »verdunkelt ihre Schönheit durch allzu große Kunst«. Bachs große Hoffnung, eine Anstellung bei **Friedrich dem Großen** zu bekommen, für den er eigens die sechs Brandenburgischen Konzerte geschrieben hatte, zerschlug sich ebenfalls.

Nach Bachs Tod gerieten seine großen Werke in Vergessenheit. Erst der Komponist Felix Mendelssohn Bartholdy (1809–1847) erweckte sie mit einer Aufführung der Matthäus-Passion im Frühjahr 1829 wieder zum Leben. Und bis heute werden sie in aller Welt gespielt.

Friedrich der Große

(1712–1786)

Friedrich der Große zählt zu den berühmtesten Deutschen – obwohl er sich selbst nie als solchen gesehen hat, sondern immer als einen Preußen. Damals war das allerdings nicht ungewöhnlich, denn ein Deutschland, wie wir es heute kennen, gab es noch nicht; man war Preuße, Bayer, Württemberger, Sachse, Pfälzer, Hesse etc.

Schon zu Lebzeiten wurde der preußische König von seinen Untertanen verehrt und fast liebevoll der »Alte Fritz« genannt. Vielleicht hat das auch damit zu tun, dass es der »kleine Fritz« ungewöhnlich schwer hatte.

Nachdem seine zwei älteren Brüder früh gestorben waren, war er der Kronprinz und Thronfolger. Sein Vater Friedrich Wilhelm I. ging als »Soldatenkönig« in die Geschichte ein. Er vergrößerte die Armee, regierte mit strenger Hand und verlangte absoluten Gehorsam, auch von seinem Sohn. Der sollte einmal so werden wie er. Deshalb legte der König den Tagesablauf des Kronprinzen genau fest und gab Anweisungen, was er zu lernen hatte und was nicht. Doch genau das, was er nicht lernen sollte, interessierte den kleinen Fritz: Musik, Literatur und Sprachen. Einer seiner Lehrer unterstützte ihn dabei. Und so lernte er heimlich Flöte zu spielen, Latein und Französisch.

Als der König das erfuhr, verprügelte er seinen Sohn. Und von da an bekam der kleine Fritz häufig Prügel, auch mit dem Stock; mehr noch, der König demütigte ihn öffentlich. Einmal verpasste er ihm während eines Festessens eine schallende Ohrfeige und rief aus: »Ich möchte wissen, was in diesem Kopf vorgeht!« Ein andermal schlug er ihn vor Soldaten zu Boden und schimpfte ihn einen Feigling. Der König machte seinem Sohn das Leben zur Hölle.

Als Friedrich 18 Jahre alt war, wollte er aus dieser Hölle ausbrechen und mit seinem Freund Hans Hermann von Katte nach England fliehen. Sie wurden erwischt und als Deserteure vor ein Kriegsgericht gestellt. Hans Hermann von Katte wurde zu lebenslanger Haft verurteilt. Doch dem König war das nicht genug; er verhängte über ihn das Todesurteil. Der Kronprinz musste auf Befehl des Königs zusehen, wie sein bester Freund enthauptet wurde. Er selbst saß einige Wochen in Haft, fügte sich schließlich dem Willen seines Vaters, wurde Offizier und heiratete widerspruchslos die Prinzessin, die sein Vater für ihn ausgesucht hatte.

Zusammen mit seiner ungeliebten Frau lebte Friedrich auf dem Schloss Rheinsberg in Brandenburg, wo er sich wieder verstärkt mit Musik und Literatur beschäftigte. Er begann auch einen Briefwechsel mit dem französischen *Philosophen* Voltaire und schrieb ein Buch. Darin entwarf er das Bild eines pflichtbewussten und friedliebenden Fürsten, der Künste und Wissenschaften achtet und fördert.

Als Friedrich mit 28 Jahren König wurde, hofften viele, nun werde ein Philosoph auf dem Thron sitzen und das Land in Frieden regieren. Zunächst sah es auch so aus. Als Erstes schaffte er die Folter ab, ebenso das Recht des Königs, in Verfahren einzugreifen. Eine überall gültige Rechts- und Prozessordnung machte das Leben berechenbarer. Auch in Glaubensfragen war er für seine Zeit ein toleranter Herrscher. »In meinem Staat kann jeder nach seiner Façon selig werden«, lautet einer seiner bekanntesten Aussprüche.

Aber Friedrich war eben nicht nur der Philosoph, sondern auch der machtbewusste Herrscher. Als solcher führte er mehrere Kriege, um Preußens Stellung in *Europa* zu stärken, was ihm auch gelang.

Mehr als andere Herrscher seiner Zeit vereinte Friedrich der Große Gegensätze in sich, die beinahe unvereinbar erscheinen: Zum einen war er ein sehr gebildeter, künstlerischer Mensch und als solcher für die fortschrittlichen Gedanken der *Aufklärer* offen. Zum anderen war er oberster preußischer Offizier und Beamter, und da galten nur Disziplin und unbedingter Gehorsam. Diese Gegensätze machten ihn zu einem »aufgeklärten *Absolutisten*«. Anders als zum Beispiel der »Sonnenkönig« **Ludwig XIV.** betrachtete Friedrich den Staat nicht als persönlichen Besitz. Die Macht lag zwar immer noch ungeteilt in seinen Händen, aber er benutzte sie nicht mehr willkürlich, sondern im Rahmen der Gesetze – als »erster Diener des Staates«, wie er sich selbst einmal nannte.

Jean-Jacques Rousseau

(1712–1778)

Jean-Jacques Rousseau war der lebende Beweis dafür, dass theoretisches Denken und praktisches Handeln bei einem Menschen weit auseinanderfallen können. Als philosophischer Theoretiker schrieb er das Buch »Émile oder Über die Erziehung«. Darin sprach er sich in erzählender Form für eine liebevolle Erziehung aus, die die natürlichen Anlagen des Kindes fördern und schädliche Einflüsse von ihm fernhalten soll. Da der Mensch für Rousseau von Natur aus gut und zu vernünftigem Handeln fähig ist, müssen Eltern und Pädagogen behutsam und vor allem ohne Gewalt dafür sorgen, dass sich die Anlagen und Fähigkeiten des Kindes entwickeln können.

Als Familienvater hatte Rousseau mit seiner Lebensgefährtin Thérèse Levasseur fünf Kinder, die alle schon als Säuglinge in ein sogenanntes Findelhaus, also ein Waisenhaus, gegeben wurden. Dabei wusste Rousseau, dass Kinder dort nicht so behandelt wurden, wie er es für richtig hielt, und dass ihre Lebenserwartung gering war. Später wurde immer wieder versucht, dieses widersprüchliche Verhalten zu erklären; aber überzeugend ist das bis heute nicht gelungen.

Wer war nun dieser widersprüchliche Mann?

Seine Mutter starb neun Tage nach der Geburt. Danach führte eine Schwester des Vaters den Haushalt und wurde zur

Ersatzmutter für den kleinen Jean-Jacques. Als er zehn Jahre alt war, floh sein Vater nach einer Prügelei mit einem Offizier aus Genf, weil er nicht im Gefängnis landen wollte. Von da an hatte der Junge kein Elternhaus mehr und wuchs bei wechselnden Pflegeeltern auf. Er besuchte weder regelmäßig eine Schule noch brachte er eine Ausbildung zu Ende.

Im Alter von 16 Jahren verließ er Genf, ging ohne Ziel auf Wanderschaft und führte ein abenteuerliches Leben. In Savoyen traf er Madame de Warens, eine 29-jährige wohlhabende Frau. Mit einigen, teilweise längeren Unterbrechungen lebte er bis zu seinem 25. Lebensjahr bei ihr. Anfangs war er wie ein Sohn für sie, später wurde er ihr Liebhaber. Die Zeit, die Rousseau im Haus seiner Gönnerin verbrachte, nutzte er, um sich zu bilden. Er beschäftigte sich intensiv mit *Philosophie*, Theologie, Literatur und Musik.

1742 zog er nach Paris und lebte dort mit der bereits erwähnten Thérèse Levasseur zusammen. Im Jahr 1750 veröffentlichte er eine »Abhandlung über die Wissenschaften und Künste«, mit der er den Preis der Akademie gewann und berühmt wurde. Darin schrieb er, der technische Fortschritt habe die Menschen keineswegs besser gemacht, als sie von Natur aus seien. Im Gegenteil: Die Jagd nach Wohlstand mache sie unfrei. Notwendig sei deswegen eine Rückkehr zu einem natürlichen Leben.

In einer zweiten Abhandlung schrieb er: Zwar seien nicht alle Menschen von Natur aus gleich, aber »es verstößt gegen das Recht der Natur, dass eine Handvoll von Menschen im Überfluss erstickt, während es der ausgehungerten Menge am Notwendigsten fehlt«. Und dass der Staat diese ungerechten Zustände und damit die Reichen schütze, verstoße gegen das Naturrecht.

Das waren revolutionäre Sätze, die »oben« nicht gern gelesen und gehört wurden. Doch Rousseau ließ sich nicht beirren und arbeitete seine Gedanken weiter aus. 1762 veröffentlichte er das Buch »Der Gesellschaftsvertrag«, das mit dem Satz beginnt: »Der Mensch wird frei geboren und überall ist er in Ketten.« Das wollte Rousseau ändern und schlug vor: Die frei geborenen Menschen sollen sich ebenso frei in Gemeinschaften zusammenschließen, die ihre natürlichen Rechte schützen. Sie sollen Verträge schließen, in denen die Rechte und Pflichten der Regierten und der Regierenden festgelegt werden. Halten die Regierenden sich nicht an den Vertrag und missbrauchen das in sie gesetzte Vertrauen, kann das Volk sie absetzen.

Das Buch wurde in Frankreich verboten, ebenso der Erziehungsroman »Émile«. Rousseau, gegen den Haftbefehl erlassen wurde, floh aus dem Land. Doch die Wirkung der Schriften konnte das Verbot nicht verhindern. Rousseau wurde zu einem Wegbereiter der *Französischen Revolution* – und hat damit Weltgeschichte geschrieben.

Immanuel Kant

(1724–1804)

Immanuel Kant ist ein Beispiel dafür, dass man nicht weit in der Welt herumgekommen sein muss, um sie besser zu kennen als andere. Er wurde am 22. April 1724 in Königsberg geboren und starb dort kurz vor seinem 80. Geburtstag. Nach allem, was man von ihm weiß, hat er die Stadt nie verlassen.

Kant wuchs als viertes von elf Kindern in einer Handwerkerfamilie auf und wurde streng religiös erzogen. Weil seine Leistungen in der Schule überdurchschnittlich waren, durfte er schon als 16-Jähriger an die Universität und Theologie studieren, um später Pfarrer zu werden. Das war für einen Handwerkersohn damals fast die einzige Möglichkeit, um eine höhere Bildung zu erlangen. Das Studium musste er allerdings durch Privatunterricht, also eine Art Nachhilfestunden, mitfinanzieren.

Während des Studiums wurde er besonders von dem *Philosophen* Martin Knutzen beeinflusst. Von ihm sagte Kant später, er habe seine Schüler nicht zu »Nachbetern«, sondern zu »Selbstdenkern« erzogen. Und weil Kant lieber selbst denken als nachbeten wollte, wechselte er von der Theologie zur *Philosophie.* Als sein Vater 1746 starb, musste er die Universität verlassen, um Geld zu verdienen. Das tat er neun Jahre lang als Hauslehrer bei wohlhabenden Leuten.

1755 ging er wieder an die Universität, machte seinen Doktor und hielt Vorlesungen über philosophische und naturwissenschaftliche Themen. Mehrfach bewarb er sich vergeblich um eine Professorenstelle. Um sein karges Einkommen aufzubessern, arbeitete er auch in der königlichen Schlossbibliothek. Erst 1770, als er schon 45 Jahre alt war, wurde er Professor für Logik und Metaphysik.

Nach Kant gibt es vier philosophische Grundfragen:

1. Was kann ich wissen?
2. Was soll ich tun?
3. Was darf ich hoffen?
4. Was ist der Mensch?

Mit diesen Fragen beschäftigte er sich intensiv. Das Ergebnis seines Nachdenkens veröffentlichte er in seinen beiden Hauptwerken »Kritik der reinen Vernunft« und »Kritik der praktischen Vernunft«. Seine oft komplizierten Gedanken sind für die meisten Menschen schwer zu verstehen. Aber einer seiner Gedanken wurde – wenn auch in vereinfachter Form – zum Sprichwort, das jeder kennt: »Was du nicht willst, das man dir tu, das füg auch keinem andern zu!«

Kant hat das in seinem Werk als »Kategorischen Imperativ« folgendermaßen formuliert: »Handle so, dass die Maxime deines Willens jederzeit zugleich als Prinzip einer allgemeinen Gesetzgebung gelten könne.«

Wie gesagt, besonders kluge Menschen formulieren oft auch besonders klug. In Wissenschaftskreisen war Kant schon zu Lebzeiten als einer der Großen anerkannt. Über diese Kreise hinaus wurde er berühmt, als er sich mit einem Artikel in eine öffentliche Diskussion einmischte. Dabei ging es darum, dass die Menschen nicht mehr einfach glauben, sondern die Dinge kritisch hinterfragen sollten. Von Philosophen wurde aufgeklärtes Denken und Handeln als Ziel formuliert. Da fragte ein Pfarrer in der »Berlinischen Monatsschrift«: »Was ist *Aufklärung*?«

Kant schrieb im September 1784 eine ausführliche Antwort, die mit den berühmt gewordenen Sätzen beginnt:

»Aufklärung ist der Ausgang des Menschen aus seiner selbst verschuldeten Unmündigkeit. Unmündigkeit ist das Unvermögen, sich seines Verstandes ohne Leitung eines anderen zu bedienen. Selbst verschuldet ist diese Unmündigkeit, wenn die Ursache derselben nicht am Mangel des Verstandes, sondern der Entschließung und des Mutes liegt, sich seiner ohne Leitung eines anderen zu bedienen. Sapere aude! Habe Mut, dich deines eigenen Verstandes zu bedienen! ist also der Wahlspruch der Aufklärung.«

Damit hat Immanuel Kant eine ganze Epoche auf den Punkt gebracht: das »Zeitalter der Vernunft« oder auch kurz »Aufklärung« genannt.

Katharina die Große

(1729–1796)

Wer kennt Sophie Friederike Auguste Prinzessin von Anhalt-Zerbst? Nie gehört, werden wohl die allermeisten sagen. Unter diesem Namen kennen vermutlich nur wenige eine der ungewöhnlichsten Frauen der Weltgeschichte. Sie ist die einzige Herrscherin, die jemals den Beinamen »die Große« erhielt.

Geboren und aufgewachsen ist die Prinzessin in Stettin. Mehrere Erbteilungen hatten den Besitz ihrer Familie gehörig schrumpfen lassen, sodass der Vater als Offizier in der preußischen Armee Geld verdienen musste. Darunter litt seine Frau, die als Tochter eines Fürstbischofs Besseres gewohnt war und mit ihrer ältesten Tochter auch Besseres vorhatte. Als Prinzessin Sophie 14 und damit im heiratsfähigen Alter war, führte ihre Mutter sie in die höhere Gesellschaft ein. Es gelang ihr sogar, sie **Friedrich dem Großen** vorzustellen. Der war von dem hübschen und klugen Mädchen so angetan, dass er sie der russischen Zarin Elisabeth als Braut für den Thronfolger Peter vorschlug. Die Zarin wollte Prinzessin Sophie sehen und prüfen. Im Januar 1744 machte sich Sophie in Begleitung ihrer Mutter auf die beschwerliche Reise nach Moskau. Dort bestand sie vor den kritischen Augen der Zarin, sodass die Mutter bald nach Hause melden konnte: »Die Sache ist gemacht.«

Prinzessin Sophie bereitete sich nun zielstrebig auf ihre zukünftige Rolle vor, lernte schnell die russische Sprache, trat der russisch-orthodoxen Kirche bei und wurde auf den Namen Katharina Alexejewna getauft. Am 21. August 1745 fand die Hochzeit mit dem 17-jährigen Peter statt. Das junge Paar hätte unterschiedlicher kaum sein können. Katharina war wissbegierig, intelligent und offen für alles Neue; Peter dagegen war geistig zurückgeblieben und benahm sich wie ein großes Kind. Sie musizierte, las Bücher, beschäftigte sich mit den Ideen der *Aufklärer* und diskutierte mit Gelehrten; er spielte mit Puppen und Bleisoldaten, vor allem aber trank er mit seinen Freunden. Und wenn er betrunken war, wurde er grob und bösartig.

So waren die beiden zwar auf dem Papier miteinander verheiratet, führten aber kein gemeinsames Leben. Doch Katharina sehnte sich nach Liebe und nahm sich zum ersten Mal einen Geliebten – aber nicht zum letzten Mal.

1754 brachte sie einen Sohn zur Welt, der als ehelich anerkannt wurde, obwohl der heftige Verdacht bestand, nicht Peter, sondern Katharinas Geliebter sei der Vater.

Am 3. Januar 1762 starb Zarin Elisabeth und Peter III. wurde ihr Nachfolger. Schon mit seinen ersten Amtshandlungen brachte er den Adel und die Generäle gegen sich auf. Es dauerte kein halbes Jahr, da wurde Zar Peter III. gestürzt. Offiziere, die von Katharinas neuem Geliebten Grigori Orlow angeführt wurden, nahmen ihn gefangen. Am 9. Juli 1762 ließ Katharina ihren Mann für abgesetzt erklären und sich selbst als Katharina II. zur Zarin ausrufen. So etwas hatte es noch nie gegeben.

Einige Tage später wurde Peter III. ermordet aufgefunden. Bis heute ist umstritten, ob die neue Zarin den Mord befohlen hat oder ob er ohne ihr Wissen geschah.

Jedenfalls war sie nun die mächtigste Frau der Welt, denn schon damals war Russland das größte Land der Erde. Sie wollte es wirtschaftlich nach vorne bringen. Dafür organisierte sie die Verwaltung neu, ließ Straßen bauen und holte Ausländer in unbesiedelte Gebiete. Weil sie wusste, dass für den Fortschritt ein Mindestmaß an Bildung notwendig war, gab sie den Auftrag, in jeder Stadt eine Volksschule und in jedem Kreis ein Gymnasium zu bauen. Auch Mädchen sollten die Schule besuchen, was damals als sensationell, ja revolutionär empfunden wurde.

Obwohl die Zarin fortschrittlich dachte, schaffte sie die *Leibeigenschaft* der Bauern nicht ab und ließ den Adligen ihre Vorrechte. Und sie war nicht bereit, die Macht mit anderen zu teilen. Wer Kritik an ihr übte, musste damit rechnen, im Gefängnis zu landen.

Wie die meisten Herrscher führte sie Kriege, um noch mächtiger zu werden. Durch zwei siegreiche »Türkenkriege« und die Teilungen Polens vergrößerte sie Russlands Machtbereich wie kein Herrscher vor ihr. Die »Mutter des Vaterlandes«, wie sie auch genannt wurde, machte das Land zur europäischen Großmacht.

George Washington

(1732–1799)

Als George Washington geboren wurde, gab es die Vereinigten Staaten von Amerika noch nicht. Und dass er einmal als »Vater der Nation« verehrt würde, war damals nicht zu ahnen.

Die Eltern von George besaßen in Virginia eine Tabakplantage, auf der viele *Sklaven* arbeiteten. Nach den wenigen Informationen, die es über seine Kindheit gibt, war George kein besonders guter Schüler. Seine Bildung war wohl ziemlich schmal, was sich auch noch im Erwachsenenalter zeigte. Ein Zeitgenosse schrieb dazu: »Es ist gewiss, dass Washington kein Gelehrter war, dass er für seinen Rang und Namen zu ungebildet, zu wenig belesen und zu unwissend war.«

Mit elf Jahren verlor George seinen Vater und sein 14 Jahre älterer Halbbruder Lawrence wurde sein Vormund. Als auch der starb, erbte der inzwischen 20-jährige Washington den ganzen Besitz. Zu einem der wohlhabendsten Männer Virginias wurde er, als er 1759 die reiche Witwe Martha Custis heiratete.

Zu jener Zeit war der Krieg zwischen den beiden Großmächten Frankreich und England um die Vorherrschaft in Nordamerika in vollem Gange. Im sogenannten Franzosen- und Indianerkrieg brachte es Washington zum Oberst und kämpfte mit seinen Männern gegen die Franzosen und Indianer. Die Franzosen verloren den Krieg und gaben 1763 ihre Besitzungen in

Nordamerika auf. Alle 13 *Kolonien* unterstanden nun England. Weil der Krieg sehr viel Geld gekostet hatte, sollten die Kolonien kräftig Steuern und Zölle ans Mutterland bezahlen. So wollte die Regierung in London die leeren Staatskassen füllen. Dagegen wehrten sich die »Amerikaner«. Sie bildeten einen Nationalkongress, in dem Vertreter der 13 Kolonien saßen, unter ihnen für Virginia auch George Washington. Am 4. Juli 1776 wurde die *Unabhängigkeitserklärung* beschlossen, in der es unter anderem heißt, dass die Kolonien sich vom Mutterland lösen und einen eigenen, unabhängigen Staat bilden, die »Vereinigten Staaten von Amerika«.

Das wollte England mit allen Mitteln verhindern und schickte Zehntausende Soldaten. Ihnen gegenüber standen nur etwa 15.000 schlecht ausgebildete und ausgerüstete Männer. Den Oberbefehl hatte der Nationalkongress George Washington übertragen. Anfangs gab es einige bittere Niederlagen, und nur dem Durchhaltewillen Washingtons war es zu verdanken, dass die kleine Armee nicht auseinanderfiel. Schließlich gelang ihm und seinen Männern mithilfe von französischen Einheiten nach achtjährigem Krieg das eigentlich Unmögliche: die Engländer zu besiegen.

Washington wurde als Held gefeiert. Nachdem England im September 1783 die Vereinigten Staaten anerkannte, legte er den Oberbefehl nieder und zog sich ins Privatleben zurück. Er wollte seine Ruhe haben. Doch die ließ man ihm nicht lange. Als es darum ging, für den neuen Staat eine *Verfassung* zu erarbeiten, wurde er 1787 wieder gerufen. Die Versammlung in Philadelphia wählte ihn zum Präsidenten; in dieser Funktion sprach er sich dafür aus, dass die Einzelstaaten zugunsten einer starken Zentralregierung zurückstehen sollten. Nur so konnte seiner Meinung nach eine einige Nation entstehen.

Nachdem die neue Verfassung beschlossen war, wurde George Washington am 4. Juli 1789 zum ersten Präsidenten der Vereinigten Staaten von Amerika gewählt. Die »Neue Welt«, wie Amerika oft genannt wird, war die erste moderne *Demokratie*. George Washington hat wesentlich zu ihrer Entstehung beigetragen – und das, obwohl er als Junge nur ein mäßiger Schüler war.

Wegen seiner Leistungen im Unabhängigkeitskrieg und als »Vater der Nation« wurde er schon zu Lebzeiten als Nationalheld gefeiert und verehrt. Die neue Hauptstadt, die ab 1791 an dem Fluss Potomac gebaut wurde, erhielt seinen Namen. Ebenso ein Bundesstaat.

Nach dem Ende seiner zweiten Amtszeit zog sich George Washington endgültig aus der Politik zurück und lebte noch zwei Jahre auf seinem Landsitz in Virginia, wo er am 14. Dezember 1799 starb.

James Watt

(1736–1819)

Das Watt ist eine Maßeinheit, die international verwendet wird. Wer zum Beispiel eine neue Glühlampe kaufen will, muss wissen, wie viel Watt sie haben soll. Je mehr Watt sie hat, desto heller leuchtet sie.

Warum wird diese Maßeinheit gerade Watt genannt? Das geschieht zur Ehre eines Mannes, der Wichtiges für die *Industrialisierung* geleistet hat: James Watt. Er hat die Dampfmaschine zwar nicht erfunden, wie man immer wieder hören und lesen kann, aber er hat sie so leistungsfähig gemacht, dass sie die Welt veränderte.

James Watt wurde am 19. Januar 1736 im schottischen Greenock geboren. Von klein auf kränkelte er, sodass seine Eltern ihn öfter für längere Zeit nicht in die Schule schickten, sondern ihn lieber zu Hause unterrichteten. Sein Vater hatte eine Werkstatt, in der er Messgeräte für Schiffe herstellte, mit deren Hilfe sich Seeleute auf dem Meer zurechtfinden konnten. In dieser Werkstatt war der kleine James gern und lernte dabei früh, mit Werkzeugen und verschiedenen Materialien umzugehen.

Der wissbegierige James hätte am liebsten studiert, doch dafür hatten seine Eltern nicht genug Geld. Stattdessen sollte er Mechaniker werden. Weil es im nahen Glasgow keine geeignete

Lehrstelle gab, schickten die Eltern ihren inzwischen 18-jährigen Sohn nach London zu einem Feinmechaniker in die Lehre. Drei Jahre blieb er in London, dann kehrte er nach Hause zurück. Dort wurde die Ausbildung allerdings nicht anerkannt, weshalb er keine eigene Werkstatt eröffnen durfte.

Da erfuhr er, dass die Universität Glasgow einen »Mathematical Instrument Maker«, also einen Werkzeugmacher für mathematische Instrumente suchte. Er bewarb sich um die Stelle und erhielt sie. Die Universität stellte ihm eine Werkstatt zur Verfügung, in der er feinmechanische Instrumente wie zum Beispiel Kompasse oder Quadranten reparieren und anfertigen sollte. Die Arbeit machte ihm Freude und bald hatte er einen guten Ruf an der Universität. Mit der sicheren Anstellung als Grundlage heiratete er 1760 seine Jugendliebe Margaret Miller.

Eines Tages brachte man ihm eine Dampfmaschine, die dazu diente, Wasser aus Bergwerksstollen zu pumpen. Sie funktionierte nicht mehr und niemand hatte sie reparieren können. Watt zerlegte sie, fand den Fehler und baute sie wieder zusammen. Bei dem Probelauf fiel ihm auf, dass die sogenannte Feuermaschine sehr viel Kohle und Wasser brauchte, um Dampf zu erzeugen, und dass große Teile dieses Dampfes im wahrsten Sinn des Wortes ungenutzt verdampften.

Er war überzeugt, dass sich diese Maschine wesentlich verbessern ließ, und der Ehrgeiz packte ihn, das selbst zu schaffen. Fünf Jahre arbeitete er daran, forschte, tüftelte und experimentierte. Er gab sogar seine Stelle auf, um sich noch intensiver der Dampfmaschine widmen zu können. Doch mit der Zeit wuchsen seine Schulden. Wenn nicht alles umsonst gewesen sein sollte, brauchte er unbedingt einen Geldgeber. Den fand er in dem Fabrikanten John Roebuck, der an Watt glaubte und dessen Arbeit finanzierte. Am 5. Januar 1769 meldete Watt seine Verbesserungen beim Patentamt an. Noch ahnte niemand, dass es sich dabei um eine Jahrhunderterfindung handelte. Doch bevor die neue Dampfmaschine gebaut werden konnte, ging John Roebuck pleite. Alles schien verloren. Da erklärte sich der erfolgreiche Unternehmer Matthew Boulton bereit, die Finanzierung zu übernehmen, wenn er 25 Jahre lang als Einziger Watts Dampfmaschine produzieren dürfe. 1775 wurde die Firma »Boulton & Watt« gegründet und ein Jahr später war die erste Dampfmaschine einsatzfähig. Sie brauchte zwei Drittel weniger Heizmaterial als die alten Maschinen.

In den folgenden Jahren verbesserte Watt seine Dampfmaschine weiter, und bald wurde sie nicht nur im Bergbau eingesetzt, sondern auch in Getreidemühlen und Baumwollspinnereien.

James Watt hat noch andere Dinge erfunden, doch sein Name bleibt mit der Dampfmaschine verbunden, weil mit ihr die sogenannte *industrielle Revolution* begann, die das Leben der Menschen grundlegend verändert hat.

Johann Wolfgang von Goethe

(1749–1832)

Wenn man Menschen nach berühmten deutschen Dichtern fragt, werden von den meisten als erste Goethe und **Schiller** genannt, in der Regel gemeinsam. Vor allem Goethe gilt in der ganzen Welt als »der« deutsche Dichter. Er wurde als »Dichterfürst« gefeiert und manche Literaturwissenschaftler nennen die Jahre von 1770 bis 1830 die »Goethezeit«. Kein anderer Dichter hat es je geschafft, dass eine literarische Epoche nach ihm benannt wurde. Inzwischen gibt es in 136 Ländern »Goethe-Institute«, die die deutsche Sprache im Ausland fördern sollen. Was hat dieser Mann geleistet, dass er so geehrt wurde und wird?

Noch heute kann man das »Goethe-Haus« in Frankfurt besichtigen, in dem Johann Wolfgang geboren wurde. Seine Mutter stammte aus einer wohlhabenden und angesehenen Frankfurter Familie; sein Vater war Jurist, arbeitete jedoch nicht mehr in seinem Beruf. Durch eine Erbschaft waren die Goethes so reich, dass sie von den Erträgen ihres Vermögens leben konnten. Die Eltern achteten sehr auf eine umfassende Bildung ihres Sohnes. Weil ihnen die öffentlichen Schulen dafür nicht gut genug erschienen, meldeten sie ihn schon nach einem Jahr ab. Von da an unterrichtete der gebildete Vater seinen Sohn selbst; außerdem engagierte er mehrere Hauslehrer.

Allein das Pensum an Sprachen hatte es in sich: Latein, Griechisch, Französisch, Englisch und Italienisch. Dazu kamen die Naturwissenschaften, Religion und die musischen Fächer. Und schließlich lernte Johann Wolfgang noch Reiten, Fechten und Tanzen. Damit dürften die Tage so vollgepackt gewesen sein wie heute bei vielen Kindern, die kaum noch Zeit zum freien Spielen haben.

Als Johann Wolfgang 16 Jahre alt war, schickte ihn sein Vater nach Leipzig, wo er Jura studieren sollte. Obwohl er dazu keine Lust hatte, fügte er sich. Doch neben den juristischen besuchte er bald auch Vorlesungen zur Literatur und Kunst. Da er zum ersten Mal im Leben fern der väterlichen Kontrolle war, nutzte er die neue Freiheit aus, genoss das Studentenleben, verliebte sich und begann Gedichte zu schreiben.

Goethe war noch oft verliebt, auch unglücklich, und hat darüber geschrieben. »Willkommen und Abschied« ist eines der schönsten Liebesgedichte überhaupt. Auch in dem Briefroman »Die Leiden des jungen Werther« verarbeitete er eigene Erlebnisse. Die Geschichte einer unglücklichen Liebe wurde 1774 zu einem großen Erfolg in ganz *Europa*. Viele junge Menschen fühlten sich angesprochen und verstanden. Ein regelrechtes »Werther-Fieber« brach aus. Das ging so weit, dass manche unglücklich Verliebten sich wie Werther das Leben nahmen. Das Buch machte den jungen Dichter praktisch über Nacht berühmt.

Auch der erst 18-jährige Herzog Karl August von Sachsen-Weimar wurde auf Goethe aufmerksam und lud ihn nach

Weimar ein. Goethe, der kurz zuvor eine Verlobung aufgelöst hatte, nahm die Einladung an, um von Frankfurt wegzukommen. In Weimar wurde er zum engen Vertrauten des Herzogs, der ihn zum »Geheimrat« und Minister machte.

Neben seinen Amtsgeschäften entwarf Goethe Romane und Theaterstücke, betrieb aber auch naturwissenschaftliche Forschungen – und litt mal wieder unter einer unerfüllten Liebe. 1786 wurde ihm in dem kleinen Städtchen Weimar alles zu eng und zu viel; er steckte in einer tiefen Krise, wollte nur noch weg und machte sich auf den Weg nach Italien, wo er fast zwei Jahre blieb.

Als er nach Weimar zurückkam, begegnete er Friedrich Schiller. Anfangs mochten die beiden sich überhaupt nicht. Doch mit der Zeit verstanden sie sich besser, obwohl sie sehr verschieden waren. Goethe arbeitete wieder mit frischer Kraft, unter anderem auch an dem Stoff, der ihn seit seiner frühesten Jugend beschäftigte: dem »Faust«. Der Gelehrte Faust ist zwar »gescheiter als alle die Laffen, Doktoren, Magister, Schreiber und Pfaffen«, trotzdem wird ihm klar, »dass wir nichts wissen können! Das will mir schier das Herz verbrennen.« Doch er will sich nicht damit abfinden und schließt einen Pakt mit dem Teufel Mephisto, der ihm helfen soll, »dass ich erkenne, was die Welt im Innersten zusammenhält«. In Goethes »Faust« geht es um die großen Fragen der Menschheit. Das Werk gehört zu den bedeutendsten der Weltliteratur.

Wolfgang Amadeus Mozart

(1756–1791)

Wenn heutige Kinder lesen, Mozart habe nie eine Schule besucht, werden ihn viele deswegen beneiden. Andere werden fragen: Wie hat er dann Lesen, Schreiben, Rechnen und alles andere gelernt?

Als Joannes Chrysostomus Wolfgangus Theophilus Mozart – so hieß er vollständig – in Salzburg geboren wurde, hatte er eine viereinhalb Jahre ältere Schwester, Maria Anna Walburga Ignatia. Schon die Namen deuten an, dass die Eltern keine gewöhnlichen Kinder haben wollten. Vater Leopold Mozart war Hofmusiker, Komponist und Musiklehrer. Er merkte schon früh, dass seine Tochter musikalisches Talent hatte, und unterrichtete sie. So wuchs der kleine Wolfgang umgeben von Musik auf, und es zeigte sich bald, dass er noch viel talentierter war als seine Schwester. Bereits mit drei Jahren fing er an, Klavier zu spielen, mit vier Geige, mit knapp sechs komponierte er die ersten Stücke und gab sein erstes öffentliches Konzert. Der Vater erkannte Wolfgangs außergewöhnliche Begabung und förderte sie mit allen Kräften, auch um damit Geld zu verdienen.

Als Wolfgang sechs Jahre alt war, machten die Eltern erste Reisen mit ihren »Wunderkindern« zu den Fürstenhöfen und Salons in München und Wien. Wolfgang und Maria Anna wurden bestaunt und bejubelt.

Doch der ehrgeizige Vater wollte mehr, wollte seine Kinder zu internationalen Stars machen – auch wenn es den Begriff damals noch nicht gab. 1763 begann eine dreijährige Tournee durch *Europa*, wo die »Wunderkinder« an Fürstenhöfen und anderen Häusern auftraten.

Solche Reisen mit einer Kutsche waren vor 250 Jahren sehr beschwerlich. Nach einem Reisetag schrieb Mozart einmal, »dass es keinem von uns möglich war, nur eine Minute die Nacht durchzuschlafen. Dieser Wagen stößt einem doch die Seele heraus! Und die Sitze! Hart wie Stein! Von Wasserburg aus glaubte ich in der Tat, meinen Hintern nicht ganz nach München bringen zu können!«

Nicht nur sein Hintern litt bei den Reisen, sondern der ganze Körper. Denn die hygienischen Verhältnisse unterwegs und in den oft billigen Unterkünften waren mitverantwortlich dafür, dass der kleine Wolfgang häufig krank war, manchmal sogar lebensgefährlich: Mit neun Jahren erkrankte er an Typhus, zwei Jahre später an Pocken.

Und weil er bis zu seinem 17. Lebensjahr mehr unterwegs als zu Hause in Salzburg war, musste er »nebenbei« auch noch alles lernen, was andere Kinder in der Schule lernen. Sein Vater brachte ihm das Wichtigste bei, sogar mehrere Sprachen.

Auch in der zweiten Hälfte seines Lebens – er wurde nur 35 Jahre alt – reiste Mozart viel. Sein Ziel war, an einem Hof fest angestellt zu werden, um ein sicheres Einkommen zu haben. Aber das gelang ihm nirgendwo dauerhaft. Also musste er von seinen Einnahmen als *»freier Künstler«* leben. Deshalb schrieb und komponierte er immer und überall. 1782 heiratete er Constanze Weber und bekam mit ihr sechs Kinder, von denen vier schon als Säuglinge starben.

In seinem kurzen Leben schuf Mozart über 1000 Werke, darunter die weltberühmten Opern »Die Entführung aus dem Serail«, »Die Hochzeit des Figaro«, »Don Giovanni«, »Così fan tutte« und »Die Zauberflöte«. Bis heute wird die Musik dieses Genies bewundert und geliebt und in der ganzen Welt gespielt. Obwohl er mit seinen Arbeiten für damalige Verhältnisse sehr gut verdiente, war das Geld immer knapp. Weder er noch seine Frau konnten damit umgehen.

Am 5. Dezember 1791 starb Wolfgang Amadeus Mozart in Wien. Doch er bekam kein eigenes Grab. Einer der größten Komponisten, die je gelebt haben, wurde in einem »einfachen allgemeinen Grab« bestattet, in einem Massengrab also. Weil nicht einmal sein Name angebracht wurde, weiß bis heute niemand genau, wo er begraben ist.

Friedrich Schiller

(1759–1805)

Friedrich Schiller wurde nur 45 Jahre alt. Bei der Obduktion seines Leichnams stellte der Arzt eine völlig zerstörte rechte Lunge, ein geschrumpftes Herz, eine unnatürlich große Galle, verwachsene Därme und noch einige Schäden mehr fest. »Bei diesen Umständen muss man sich wundern, wie der arme Mann so lange hat leben können«, schrieb er auf den Totenschein.

Schiller hat nur so lange leben können, weil er ein Kämpfer mit ungeheuer starkem Willen war.

Er kam im schwäbischen Marbach zur Welt. Sein Vater war Soldat und wurde öfter versetzt, weshalb die Familie mehrfach umziehen musste. Nach dem Willen des ehrgeizigen Vaters sollte sein Sohn es einmal weiterbringen als er selbst. Also musste der kleine Friedrich schon früh fleißig lernen. Wenn er die Aufgaben nicht ordentlich machte oder mit Freunden spielte, bekam er Schläge.

Bereits mit fünf Jahren schickte der Vater ihn in die Dorfschule. Dort saßen bis zu 120 Kinder jeden Alters in einem Raum. Weil sie unter diesen Umständen nicht viel lernen konnten, drängte Vater Schiller darauf, dass sein Sohn zusätzlich vom Dorfpfarrer unterrichtet wurde.

Als Friedrich 13 Jahre alt war, mischte sich der württembergische Herzog Karl Eugen in sein Leben ein. Gegen seinen Willen musste Friedrich die sogenannte Karlsschule besuchen und erst Jura, dann Medizin studieren. Diese Schule glich einer Kaserne und wurde militärisch geführt, schon kleine Versäumnisse und Vergehen wurden streng bestraft. Die Schüler durften die Schule nur verlassen, wenn Vater oder Mutter gestorben waren. Während der acht Jahre, die Schiller auf der Karlsschule verbringen musste, hatte er keinen einzigen Tag Ferien. In dieser Zeit starben zwei seiner Schwestern, die er nie gesehen hat. Als 30-Jähriger schrieb Schiller: »Durch eine traurige düstere Jugend schritt ich ins Leben hinein, und eine herz- und geistlose Erziehung hemmte bei mir die leichte schöne Bewegung der ersten werdenden Gefühle. Den Schaden, den dieser unselige Anfang des Lebens in mir angerichtet hat, fühle ich noch heute.«

Eine Möglichkeit, sich dem Herzog – zumindest gedanklich – zu entziehen, war für Schiller die Literatur. Mit seinen Freunden gründete er einen literarischen Geheimbund. Sie lasen Bücher von **Shakespeare**, **Rousseau** und **Goethe**, obwohl das verboten war. Und heimlich begann Schiller, selbst zu schreiben. Nach und nach entstand das Stück »Die Räuber«, in dem Schiller sich gegen Unterdrückung und Tyrannei, gegen einengende Gesetze und Vorschriften wendet. Das glühende Verlangen nach Freiheit schreit aus Schillers erstem Werk.

Nachdem Schiller alle Prüfungen bestanden hatte, entschied der Herzog, dass er als Regimentsarzt in Stuttgart arbeiten musste. In dieser Zeit schrieb Schiller »Die Räuber« zu Ende. Das Theaterstück wurde im Januar 1782 in Mannheim uraufgeführt. Schiller wollte unbedingt dabei sein, reiste unerlaubt nach Mannheim und wurde Zeuge des sensationellen Erfolges. »Das Theater glich einem Irrenhaus, rollende Augen, geballte

Fäuste, heisere Aufschreie im Zuschauerraum. Fremde Menschen fielen einander schluchzend in die Arme, Frauen wankten, einer Ohnmacht nahe, zur Türe«, notierte ein Augenzeuge.

Der Erfolg nützte dem jungen Dichter nichts, im Gegenteil; als der Herzog erfuhr, dass »mein Schiller« so ein aufrührerisches Stück geschrieben hatte und auch noch ohne Erlaubnis in Mannheim gewesen war, ließ er ihn 14 Tage einsperren und verbot ihm, weitere Stücke zu schreiben. Weil Schiller aber unbedingt schreiben wollte, floh er aus Württemberg ins badische Mannheim.

Nun war er der erste *»freie Schriftsteller«* in Deutschland, verdiente jedoch zu wenig zum Leben, weshalb er ständig Schulden machen musste. Außerdem erkrankte er mit 23 Jahren an Malaria, wovon er sich nie mehr vollständig erholte. Nur dank seines unglaublichen Willens trotzte er seinem kranken und geschwächten Körper immer wieder neue Texte ab. Denn er ging davon aus, dass der Schöpfer ihm die Fähigkeit zum Schreiben geschenkt hatte und dass er sozusagen verpflichtet war, das in ihm schlummernde Werk zu schaffen, auch wenn ihm das oft sehr schwerfiel.

Napoleon Bonaparte

(1769–1821)

Gegen Ende des 18. Jahrhunderts verbreiteten sich die Gedanken der *Aufklärer* immer weiter. Sie sprachen von einer natürlichen Gleichheit der Menschen und davon, dass jeder Mensch Rechte und eine Würde habe, die ihm niemand nehmen dürfe, auch nicht der Kaiser. Weil die einfachen Leute aber immer noch unterdrückt und ausgebeutet wurden, kam es in einigen Ländern *Europas* zu Unruhen; Bürger und Bauern protestierten gegen die ungerechten Zustände. Am entschiedensten war dieser Protest in Frankreich. Dort kam es 1789 zur *Französischen Revolution*, in deren Verlauf der König, die Königin und viele Adlige hingerichtet wurden.

»Freiheit, Gleichheit, Brüderlichkeit« lautete nun die Parole. Zum ersten Mal in Europa wurden die Menschen- und Bürgerrechte verkündet, die sich an den Forderungen der Aufklärer orientierten. Der erste Artikel lautete: »Die Menschen werden frei und gleich an Rechten geboren und bleiben es.«

Den Herrschern in Europa gefiel das natürlich nicht; sie hatten Angst, auch in ihren Ländern könnte es zu Revolutionen kommen. Deswegen zogen sie gegen Frankreich in den Krieg. Dabei trat ein Mann immer mehr in den Vordergrund: Napoleon Bonaparte. Er wurde in Ajaccio auf Korsika geboren. Seine Familie gehörte zum Kleinadel, er hatte zwölf Geschwister, von denen fünf früh starben. Schon als Junge fiel Napoleon dadurch auf, dass er alles wissen wollte und sehr ehrgeizig war. Im Alter von 15 Jahren verschaffte ihm sein Vater einen Platz in der Pariser Militärschule, wo Napoleon schon ein Jahr später die Prüfung bestand und damit der jüngste Offizier Frankreichs wurde – obwohl er mit 1,66 Meter dafür eigentlich zu klein war.

In den Kriegen gegen die europäischen Mächte stieg er zum Oberbefehlshaber der französischen Armee auf und wurde als Held gefeiert. Am 9. November 1799 nutzte er seine Popularität, erklärte die Regierung für abgesetzt und setzte eine neue Regierung ein, an deren Spitze er als »Erster Konsul« stand. In kürzester Zeit schaffte Napoleon es, alle Macht an sich zu ziehen. Aber das reichte ihm noch nicht: 1804 krönte er sich selbst zum Kaiser der Franzosen.

Nun wollte er sein Reich vergrößern und begann mit seinen Soldaten einen Eroberungszug durch Europa, das er nach wenigen Jahren weitgehend beherrschte. Doch wie so viele Herrscher wollte er immer mehr und das wurde ihm zum Verhängnis. Mit 600.000 Mann stellte er 1812 die stärkste Armee der Geschichte zusammen, wollte Russland erobern und war von einem schnellen Sieg überzeugt. Aber es kam anders. Die Russen wehrten sich so geschickt, dass Napoleon im Winter – für den seine Soldaten nicht ausgerüstet waren – den Rückzug befahl. Dabei starben jeden Tag Tausende Soldaten vor Hunger, Erschöpfung, Kälte und durch die nun einsetzenden russischen Angriffe. Nur 5000 schafften es bis nach Hause.

Im folgenden Jahr wurde seine neue Armee von den verbündeten Gegnern endgültig besiegt. Napoleon musste abdanken und wurde auf die Insel Elba verbannt. Doch er gab noch immer keine Ruhe. Im Frühjahr 1815 gelang ihm die Flucht nach Frankreich, wo er es schaffte, Truppen um sich zu sammeln und die Macht noch einmal zu erobern, für 100 Tage. Dann wurde er in der Schlacht von Waterloo vernichtend geschlagen.

Bis heute ist Napoleon umstritten, weil seine Eroberungskriege unzählige Menschenleben kosteten. Doch er war nicht nur ein machtbesessener Feldherr, sondern auch ein politischer Reformer. Mit dem »Code civil«, dem »Bürgerlichen Gesetzbuch« von 1804, wurden wichtige Forderungen der Revolution verwirklicht: einheitliches Recht für alle Franzosen; Gleichheit aller Bürger vor dem Gesetz; persönliche Freiheit; Beseitigung des Ständesystems; Zugang zu öffentlichen Ämtern nach Leistung, nicht nach Geburt; Gewerbefreiheit; freie Berufswahl; Recht auf Eigentum; Religionsfreiheit und Einführung der Zivilehe. Der »Code civil« wurde zum Vorbild für die bürgerlichen Gesetzbücher in Europa und überall auf der Welt.

Ludwig van Beethoven

(1770–1827)

»Fürsten gibt es viele, aber Beethoven gibt es nur einen!« Das hat Ludwig van Beethoven laut und deutlich gesagt, obwohl er auf die Großzügigkeit und finanzielle Unterstützung der Fürsten angewiesen war.

Zu diesem Ausspruch passt auch eine kleine Geschichte: Beethoven und **Goethe** trafen sich am 19. Juli 1812 im Schlosspark von Teplitz. Auf ihrem Spaziergang kam ihnen die Kaiserin mit dem ganzen Hofstaat entgegen. Beethoven sagte zu Goethe: »Bleibt nur an meinem Arm, sie müssen uns Platz machen, nicht wir ihnen.« Goethe war anderer Meinung, machte sich los und stellte sich mit gezogenem Hut an die Seite, während Beethoven mit verschränkten Armen mitten durch die hohe Gesellschaft hindurchging.

Ob es sich genau so abgespielt hat, ist gar nicht wichtig; entscheidend ist, dass alle, die Beethoven kannten, ihm das zutrauten. Und dieses Unbeugsame, Kraftvolle, Wilde kennzeichnet auch seine Musik. Man denke nur an den berühmten Beginn der 5. Sinfonie: »Ta-Ta-Ta-Taaa …«

Die Musik wurde Beethoven sozusagen in die Wiege gelegt. Sein Großvater väterlicherseits war kurfürstlicher Hofkapellmeister in Bonn; sein Vater war Sänger und Musiklehrer. Er brachte es allerdings nicht weit, weil er häufig betrunken war.

Als er merkte, dass Ludwig musikalisches Talent hatte, wollte er aus ihm ein »Wunderkind« wie **Mozart** machen, und zwar mit allen Mitteln. Dabei ging es dem Vater nicht darum, die kreative Seite seines Sohnes zu fördern; es kam ihm vor allem darauf an, dass Ludwig die Noten möglichst bald richtig vom Blatt spielen konnte, um ihn auftreten lassen zu können. Also musste er üben, üben, üben. Wenn der strenge Vater mit den Fortschritten seines Sohnes nicht zufrieden war, schlug er ihn; da er selten zufrieden war, bekam Ludwig häufig Schläge.

Mit sieben Jahren gab Ludwig in Köln sein erstes öffentliches Klavierkonzert. Mit elf Jahren nahm der Vater ihn von der Schule, weshalb seine allgemeine Bildung nur gering war. Der Vater wollte unbedingt, dass Ludwig seine ganze Kraft für die Musik verwendete. Von nun an wurde er auch vom Komponisten und Hofkapellmeister Christian Gottlob Neefe unterrichtet. Schon ein Jahr später war Ludwig Mitglied der Bonner Hofkapelle und stellvertretender Organist. In dieser Zeit komponierte er auch seine ersten Stücke.

Als Beethoven 16 war, setzte Neefe sich beim Kurfürsten dafür ein, dass er nach Wien reisen sollte, um bei Mozart Unterricht zu nehmen. Der Kurfürst war einverstanden und finanzierte die Reise. Ob sich die beiden Musiker getroffen haben, ist bis heute nicht erwiesen. Weil Beethovens Mutter schwer erkrankte, reiste er vorzeitig nach Bonn zurück.

1792 unternahm er eine zweite Reise nach Wien, um Schüler von Joseph Haydn (1732–1809) zu werden – Mozart war kurz zuvor gestorben. Beethoven wollte zwar lernen, aber er war kein einfacher Schüler; dazu war er viel zu eigenwillig und selbstbewusst.

Im März 1795 trat er – gegen Haydns Willen – erstmals mit eigenen Kompositionen als Pianist an die Wiener Öffentlichkeit. Besonders beeindruckt waren die Zuhörer von Beethovens Fähigkeit zum frei *improvisierten Spiel*. Schon bald war sein Name in aller Munde. Er wurde immer öfter zu Konzerten eingeladen und verdiente so gut, dass er als *»freier Künstler«* leben konnte.

Dann begann etwas, was für jeden Menschen schlimm ist, für einen Musiker aber furchtbar sein muss: Die Hörfähigkeit ließ nach. Als es immer schlimmer wurde und ihm kein Arzt helfen konnte, dachte Beethoven an Selbstmord. Doch er überwand die Lebenskrise und komponierte weiter! Seine Spätwerke, darunter die berühmte 9. Sinfonie, konnte er selbst nicht mehr hören.

Beethovens Musik war so neu, dass sie die Zeit überdauerte und noch heute neu wirkt. Sie wird überall in der Welt gespielt.

Als er am 29. März 1827 in Wien zu Grabe getragen wurde, sollen 20.000 Menschen seinem Sarg gefolgt sein. Deutlicher konnten sie nicht zeigen, dass Ludwig van Beethoven recht gehabt hatte: »Fürsten gibt es viele, aber Beethoven gibt es nur einen!«

Jacob und Wilhelm Grimm

(1785–1863 und 1786–1859)

»Es war einmal …« Geschichten, die mit diesen drei Worten beginnen, sind – richtig, Märchen!

»Schneewittchen und die sieben Zwerge«, »Rotkäppchen«, »Der Wolf und die sieben Geißlein«, »Die Sterntaler« und noch viele andere Märchen beginnen so. Wenn Kinder diese drei Worte hören, lehnen sie sich zurück oder schmiegen sich an, um zu lauschen, was einmal war.

Dass wir diese alten Geschichten heute noch nachlesen und erzählen können, haben wir den Brüdern Grimm zu verdanken. »Grimms Kinder- und Hausmärchen« gehören zu den berühmtesten Büchern der Welt.

Jacob und Wilhelm Grimm wurden im hessischen Hanau geboren. Ihr Vater war Jurist und wurde 1791 Amtmann in Steinau, wohin die Familie umzog. Fünf Jahre später starb der Vater an einer Lungenentzündung und ließ die Mutter mit sechs Kindern zurück.

Sie tat alles, damit ihre Kinder eine gute Ausbildung erhielten, merkte jedoch bald, dass sie das allein nicht schaffte. Deswegen schickte sie die beiden ältesten Söhne Jacob und Wilhelm zu ihrer Tante nach Kassel. In der fremden Stadt wuchsen die 12- und 13-jährigen Jungen ungewöhnlich eng zusammen. Darüber sagte Jacob viele Jahre später nach dem

Tod seines Bruders: »So nahm uns denn in den langsam schleichenden Schuljahren ›ein‹ Bett auf und ›ein‹ Stübchen, da saßen wir an einem und demselben Tisch arbeitend; hernach in der Studentenzeit standen zwei Betten und zwei Tische in derselben Stube, im späteren Leben noch immer zwei Arbeitstische in dem nämlichen Zimmer; endlich bis zuletzt in zwei Zimmern nebeneinander, immer unter ›einem‹ Dach in gänzlicher unangefochten und ungestört beibehaltener Gemeinschaft unserer Habe und Bücher.«

In dieser etwas altmodischen Sprache ist ausgedrückt, dass die Brüder Grimm von ihrer Kindheit an bis zu Wilhelms Tod fast alles gemeinsam gemacht haben.

Nach dem Abitur studierten beide in Marburg Jura. Angeregt durch einen Professor entstand ihr Interesse an der Literatur früherer Zeiten, an Sagen, Heldenliedern und Märchen. Die meisten dieser alten Geschichten waren bis dahin nur mündlich überliefert worden. Ab 1806 begannen die Brüder, sie zu sammeln und aufzuschreiben. Eine wichtige Quelle war die Gastwirtstochter Dorothea Viehmann. In der Wirtschaft ihres Vaters hatte sie von durchreisenden Kaufleuten, Handwerksburschen und Fuhrleuten viele Geschichten gehört, die sie den Brüdern Grimm erzählte. Weil die Geschichten aus verschiedenen Regionen stammten, waren sie sprachlich und in der Erzählweise sehr unterschiedlich; von vielen gab es auch mehrere Fassungen. Die Brüder sortierten und bearbeiteten die Geschichten. Dabei fand vor allem Wilhelm einen Ton, der für Märchen bis heute kennzeichnend ist.

Im Jahr 1812 erschien zu Weihnachten der erste Band der »Kinder- und Hausmärchen«; drei Jahre später folgte der zweite

Band. Neben ihrer Märchensammlung, durch die sie bekannt wurden, haben die Brüder zahlreiche weitere Schriften und Bücher veröffentlicht. Doch leben konnten sie vom Schreiben nicht; um das nötige Geld zu verdienen, arbeiteten sie in der Kasseler Bibliothek.

1829 zogen sie gemeinsam nach Göttingen, wo Jacob zum Professor berufen wurde. Wilhelm arbeitete zuerst als Bibliothekar und wurde dann ebenfalls Professor.

Die Brüder Grimm waren nicht nur Märchensammler und Sprachwissenschaftler, sie waren auch politisch aktiv. Dabei traten sie für mehr Rechte der Bürger ein und kritisierten die große Macht des hohen Adels. Daraufhin wurden sie und fünf weitere Professoren von König Ernst August I. entlassen und aus dem Königreich Hannover verwiesen. Zuerst lebten sie wieder drei Jahre in Kassel, anschließend in Berlin.

Nach der Märchensammlung starteten sie 1838 ein noch ehrgeizigeres Projekt: Sie wollten ein »Deutsches Wörterbuch« schaffen, in dem die Herkunft und der Gebrauch jedes deutschen Wortes erläutert wird. Als Jacob Grimm 1863 starb, waren sie gerade beim Buchstaben F angekommen. »Der Grimm«, wie er genannt wird, ist das umfassendste Wörterbuch zur deutschen Sprache; er umfasst 32 Bände und wurde erst 1961 fertiggestellt.

Louis Daguerre

(1787–1851)

Wer heute etwas sieht, das er im Bild festhalten möchte, braucht nicht mal mehr einen Fotoapparat. Er nimmt sein Handy oder Smartphone, tippt ein paarmal mit dem Finger drauf und schießt ein Foto. Das kann er dann im Computer speichern und ausdrucken, so oft er möchte. Er kann es auch per SMS weiterschicken, sodass es Sekunden später irgendwer irgendwo in der Welt ansehen kann. Das alles ist für uns so selbstverständlich, dass wir uns keine Gedanken mehr darüber machen. Dabei war es ein langer Weg, bis zum ersten Mal ein Foto gemacht werden konnte.

Wie bei den meisten technischen Erfindungen waren auch bei der Fotografie viele kleine Schritte Voraussetzung für den entscheidenden Schritt. Den hat der Franzose Louis Daguerre getan, weshalb er auch »Vater der Fotografie« genannt wird.

Louis wuchs in Orléans auf, wo sein Vater als Gerichtsschreiber das Geld für die Familie verdiente. Dort besuchte er die Volksschule und ging anschließend bei einem Architekten in die Lehre. Dabei zeigte sich, dass er mehr Talent für das kreative Gestalten von Häusern, Gärten und Landschaften hatte als für das exakte Zeichnen von Bauplänen. Deswegen sattelte er um und wurde Dekorationsmaler. Die brauchte man vor allem an Theatern, um die Bühnenbilder zu malen.

Weil er das richtig gut können wollte, ging er mit 17 Jahren nach Paris. Dort arbeitete der berühmte Bühnenbildmaler Eugène Marie Degotti an der Oper. Von ihm wollte Louis lernen.

Als er bei Proben zuschaute, spürte er die Lust, auch auf der Bühne zu stehen. Doch weder seine Stimme noch sein schauspielerisches Talent reichten für eine Karriere als Opernstar aus. Er durfte bei Aufführungen als Statist über die Bühne huschen, mehr nicht.

Zusammen mit dem Pariser Maler Charles Marie Bouton entwickelte Louis Daguerre 1822 eine neue Form des Theaters: das Diorama. Sie malten großflächige Stadtansichten an die Wände und dunkelten den Raum ab. Durch ein Loch konnte man – wie bei einer »Camera obscura« – in den Raum schauen. Mit Lichteffekten und verschiedenen Geräuschen wurde dafür gesorgt, dass die Zuschauer den Eindruck hatten, mitten in einer belebten Stadt zu stehen.

Camera obscura ist lateinisch und heißt »dunkles Zimmer«. Sie ist die Urform aller Fotoapparate. Louis Daguerre hatte nun die Idee, die Bilder, die man durch die Camera obscura sehen konnte, irgendwie festzuhalten. Er experimentierte mit verschiedenen Stoffen und Chemikalien, hatte aber zunächst keinen Erfolg. Da erfuhr er, dass sich sein Landsmann Joseph Nicéphore Nièpce (1765–1833) mit dem gleichen Vorhaben beschäftigte und schon einen Schritt weiter war.

Nièpce war 1826 die erste haltbare Fotografie gelungen. Allerdings war sie noch sehr verschwommen und die Belichtungszeit hatte acht Stunden gedauert. Die beiden arbeiteten bis zu Nièpces Tod zusammen, kamen aber nicht viel weiter.

Durch einen Zufall entdeckte Daguerre im Jahr 1837, dass versilberte Kupferplatten, die mit Quecksilberdämpfen behandelt wurden, viel kürzere Belichtungszeiten benötigen als unbehandelte. Zwei Jahre experimentierte er, dann hielt er sein Verfahren für praxistauglich. Und weil er nicht nur ein kluger Tüftler, sondern ein ebenso geschickter Vermarkter war, gelang ihm auch auf diesem Gebiet etwas Ungewöhnliches: Die französische Regierung kaufte ihm die Rechte an seiner Erfindung ab, die als »Daguerrotypie« in die Geschichte der Fotografie einging. Als Gegenleistung erhielt er eine lebenslange Rente. Eine Bedingung musste er allerdings erfüllen: sein Wissen allen zugänglich machen. Das tat er in dem Buch »Geschichte und Beschreibung der Verfahren der Daguerrotypie und des Dioramas« sehr ausführlich und anschaulich. Das Buch wurde innerhalb kurzer Zeit in alle wichtigen Sprachen übersetzt. Es führte zu einem regelrechten Wettstreit um weitere und bessere Verfahren.

Louis Daguerre konnte sich das in aller Ruhe anschauen. Denn im Gegensatz zu vielen Künstlern, Erfindern und Entdeckern hatte er ausgesorgt. Etwa 40 Jahre nach seinem Tod wurde er auf dem neu errichteten Eiffelturm verewigt, als einer der 72 bedeutendsten französischen Wissenschaftler.

Justus von Liebig

(1803–1873)

Der kleine Justus mochte es, wenn es zischte, funkte und knallte. Und weil sein Vater in Darmstadt eine Drogerie betrieb, in der er auch Farben und Lacke herstellte, konnte der Junge mit vielerlei Materialien experimentieren.

Eines Tages schaute er zu, wie ein »Wundermann« auf dem Jahrmarkt Knallerbsen herstellte und knallen ließ. Das fand er toll und versuchte es auch. Vor seinen Mitschülern im Gymnasium wollte Justus es mal so richtig krachen lassen – und hätte beinahe die Schule in die Luft gesprengt. »Du bist ein Schafskopf! Bei dir reicht es nicht mal zum Apothekenlehrling«, soll ein Lehrer zu ihm gesagt haben. Das ist ein schönes Beispiel dafür, wie sehr Lehrer sich irren können.

Justus flog vom Gymnasium und begann eine Apothekerlehre in Heppenheim. Doch er merkte bald, dass Apotheker nicht das war, was er werden wollte, und brach die Lehre nach einem Jahr ab. Danach half er seinem Vater im Geschäft, las nebenher alle Chemiebücher, die er in der Hofbibliothek finden konnte, und experimentierte eifrig.

Sein Vater sah, dass Justus in einer Drogerie genauso unterfordert war wie in einer Apotheke, und schickte den 17-Jährigen auf die Universität Bonn, was in besonderen Fällen ohne Abitur möglich war. Er studierte Chemie, eine damals noch junge Wissenschaft. Es zeigte sich schnell, dass er endlich das richtige Arbeitsfeld gefunden hatte. Schon nach drei Jahren machte er den Doktor und nach einem Studienjahr in Paris wurde er mit 21 Jahren an der Universität Gießen zum Professor für Chemie und Pharmazie ernannt. Allerdings waren die Arbeitsbedingungen dort sehr schlecht; es fehlten Geräte, Chemikalien und andere Materialien. Da die Universität nur wenig Geld zur Verfügung stellte, musste Liebig von seinem ohnehin geringen Gehalt selbst einiges anschaffen, um so forschen und lehren zu können, wie er es sich vorstellte.

Nach und nach baute er das erste chemische Forschungslabor für Studenten auf. Und weil er so anschaulich unterrichtete, bekam er immer mehr Zulauf. Nicht nur im Labor, auch bei seinen Vorlesungen zischte, brodelte und knallte es. Damit wurde Liebig zum Begründer des modernen Chemieunterrichts. Bald kamen nicht nur Studenten aus Deutschland nach Gießen, sondern aus der ganzen Welt. 30 spätere Nobelpreisträger haben bei Liebig studiert. Kein Wissenschaftler war als Lehrer je so erfolgreich.

Erfolgreich war Liebig auch als Forscher. Er hat viele chemische Verfahren entdeckt. Das war nicht nur für die Wissenschaft bahnbrechend, sondern auch für die Menschen in ihrem Alltag. Besonders wichtig für die gesamte Menschheit war und ist, dass Liebig seine Erkenntnisse auf die Landwirtschaft angewendet hat. Zu jener Zeit glaubte man noch, die Pflanzen würden ihre Nährstoffe aus Humus und Stalldung beziehen. In seinem 1840 erschienenen Buch »Die Chemie in ihrer Anwendung auf Agricultur und Physiologie« schrieb Liebig gegen diesen Glauben an und erläuterte, dass man dem Boden mit künstlichem Dünger zurückgeben müsse, was ihm die Pflanzen entzogen haben. Andernfalls würden die Erträge immer geringer werden. Von den Bauern wurde er ausgelacht. Der Herr Professor aus Gießen solle sich nicht in Dinge einmischen, von denen er nichts verstehe, meinten sie.

Nach jahrelangem Streit setzten sich Liebigs Erkenntnisse durch und der Einsatz von Kunstdünger wurde selbstverständlich. Dadurch konnten die Ernteerträge enorm gesteigert und die Ernährung von Millionen Menschen verbessert werden.

Um eine bessere Ernährung ging es ihm auch, als er nach Möglichkeiten suchte, Babys aus armen Familien vor dem Verhungern zu bewahren. Die von ihm entwickelte »Suppe für Säuglinge« war die Urform der heutigen Babynahrung.

Sein Suppenpulver für Erwachsene wurde als »Liebigs Fleischextrakt« weltberühmt. Noch heute werden Tütensuppen und viele andere Produkte verkauft, deren Ahnherr Liebig war.

Charles Darwin

(1809–1882)

Am Anfang schuf Gott Himmel und Erde und die Tiere im Wasser, in der Luft und auf dem Land. Zum Schluss schuf er noch den Menschen, der über alle Tiere herrschen sollte. Dann sprach Gott: Seid fruchtbar und vermehrt euch. So heißt es in der biblischen Schöpfungsgeschichte. Und die Menschen gingen lange Zeit davon aus, dass die Lebewesen so aussahen wie am Tag ihrer Erschaffung. Erst im 18. Jahrhundert fanden Naturforscher Hinweise dafür, dass diese Vorstellung nicht stimmte. Sie nahmen an, dass Lebewesen sich aufgrund von Umwelteinflüssen ändern und diese Veränderungen an ihre Nachkommen vererben können. Nur konnten sie ihre Annahmen nicht beweisen. Das schaffte erst Charles Darwin. Mit seinen Schriften veränderte er die Vorstellungen von der Entstehung der Erde und der Lebewesen so radikal, dass er als *Ketzer* beschimpft wurde. Und bis heute lehnen besonders strenggläubige Christen seine Theorie als Irrlehre ab.

Charles Darwin wurde als fünftes von sechs Kindern in eine wohlhabende englische Arztfamilie hineingeboren. Der Junge bereitete seinen Eltern einige Sorgen, weil ihn der Schulunterricht langweilte. Dabei sollte Charles wie sein Vater und Großvater Arzt werden. Doch statt zu lernen, war er lieber draußen in der Natur, wo er alles sammelte, was ihm in die Finger kam.

Als er 16 Jahre alt war, schickten ihn die Eltern zusammen mit seinem älteren Bruder Erasmus zum Medizinstudium nach Edinburgh, wo auch schon der Großvater und der Vater studiert hatten. Nach zwei Jahren brach Charles das Studium allerdings ab, weil er sich vor dem Operieren ekelte. Sein Vater war sehr enttäuscht und bestimmte, dass Charles nun in Cambridge Theologie studieren und Pfarrer werden sollte. Charles gehorchte, und obwohl ihn Theologie nicht wirklich interessierte, legte er die Prüfung im April 1831 erfolgreich ab. Aber Pfarrer wurde er nicht. Stattdessen nahm er – nun gegen den Willen seines Vaters – das Angebot eines Bekannten an, auf der »Beagle« an einer Expedition teilzunehmen. Ziel war Südamerika, wo die Küsten und Inseln vermessen werden sollten.

Im Dezember stach die »Beagle« in See und war fünf Jahre unterwegs. Wo immer möglich, ging Darwin an Land, studierte Pflanzen, Tiere und Fossilien und notierte alles, was ihm bemerkenswert schien. Im September 1835 erreichten sie die Galapagos-Inseln. Dort fiel ihm auf, dass es Tierarten gab, die so nirgendwo anders vorkamen, zum Beispiel Leguane und Riesenschildkröten. Und noch etwas bemerkte Darwin: Auf jeder Insel gab es Finken, aber die Form und Größe ihrer Schnäbel waren unterschiedlich. Ebenso ihre Gesänge.

Zurück in England, wertete Darwin seine Notizen und Beobachtungen aus. Dabei wurde der Gedanke immer stärker, dass sich alle Lebewesen allmählich entwickelt hatten, indem sie sich an unterschiedliche Umweltbedingungen anpassten. Die verschiedenen Arten mussten von einer gemeinsamen Vorform abstammen.

Er nahm sich viele Jahre Zeit für die Arbeit und las auch die Bücher anderer Forscher, denn er wollte seine Vermutungen wissenschaftlich absichern. Nach einigen Einzelveröffentlichungen erschien 1859 sein Hauptwerk »Die Entstehung der Arten durch natürliche Auslese«. Darin heißt es unter anderem: »Die Natur verändert sich ständig und ist nie fertig. Alle Pflanzen, Tiere und der Mensch haben sich aus einfachen, gemeinsamen Vorfahren entwickelt. Der Mensch ist also mit den Tieren verwandt und seine nächsten Verwandten sind die Affen.«

Wie Darwin vorausgesehen hatte, wurde er für das Buch nicht nur gelobt, sondern auch heftig beschimpft. Vor allem Geistliche empörten sich und sahen das Werk Gottes in den Schmutz gezogen. Darwin wurde unterstellt, er behaupte, der Mensch stamme vom Affen ab. Obwohl er das nirgendwo geschrieben hatte, wurde er von seinen Kritikern häufig als Affe dargestellt. Doch alle Kritik, Empörung und Verächtlichmachung konnte nicht verhindern, dass sich Darwins Evolutionstheorie durchsetzte, weil sie stimmt.

Abraham Lincoln

(1809–1865)

Als der »Wilde Westen« wirklich noch wild war, wurde in einer Blockhütte an der Siedlungsgrenze zur Prärie ein Junge geboren und auf den Namen Abraham getauft. Wer hier das Licht der Welt erblickte, hatte ein schweres, oft nicht allzu langes Leben vor sich. Die Lincolns rangen der Wildnis Ackerland ab und bearbeiteten es mit einfachen Hilfsmitteln. Und Abe, wie der Junge gerufen wurde, musste von klein auf mithelfen. Für den Besuch einer Schule blieb da nicht viel Zeit. Die Eltern waren *Analphabeten* und sie legten keinen Wert darauf, dass ihr Sohn »Buchwissen« lernte. Zum Überleben brauchte man hier andere Fähigkeiten. So ging Abe nur sehr unregelmäßig zur Schule, insgesamt allenfalls ein Jahr. Viel mehr als ein wenig Lesen, Schreiben und Rechnen lernte er nicht. Dabei war er sehr wissbegierig.

Als Abe neun Jahre alt war, starb seine Mutter. Ein Jahr später heiratete der Vater wieder. Anders als in vielen Märchen war die Stiefmutter nicht böse, sondern sehr gut zu Abe. Sie hatte Verständnis für ihn und seinen Wunsch, mehr von der Welt zu erfahren, als sein Vater für notwendig hielt. Obwohl es schwierig war, besorgte sie ihm Bücher, die der Junge begierig las. Eines der Bücher war die Bibel, die für ihn besonders wichtig wurde.

Bis zu seinem 19. Lebensjahr blieb Abe bei seiner Familie. Dann hatte er genug von der ungeliebten Farmerarbeit und zog nach Illinois, wo er in dem Präriestädtchen New Salem als Kaufmannsgehilfe, Landvermesser und Posthalter arbeitete – und nebenbei viel las.

1831 fuhr er als Flößer auf dem Mississippi bis nach New Orleans. Dort sah er etwas, das ihn erschütterte: Schwarze Männer, Frauen und Kinder wurden wie Vieh durch die Straßen getrieben, auf dem *Sklaven*markt von Weißen begutachtet und gekauft. Das fand Abe nicht richtig, das durfte nicht sein! Schließlich stand in der *Unabhängigkeitserklärung*, dass alle Menschen frei und gleich geboren sind.

Abe wollte etwas gegen diese Ungerechtigkeit tun. Aber was? Der ungewöhnliche junge Mann nahm sich vor, Politiker und Rechtsanwalt zu werden. Das war allerdings leichter gedacht als getan. Denn ein teures Studium konnte er sich nicht leisten. Also besorgte er sich Bücher und lernte im Selbststudium das nötige juristische Wissen. Er nutzte auch jede Gelegenheit, um sich an politischen Diskussionen zu beteiligen, wobei er als guter Redner auffiel. Er war gerade 25 Jahre alt, als er in das Parlament von Illinois gewählt wurde. Zwei Jahre später meldete er sich zur juristischen Prüfung an, die er bestand. Nun konnte er auch als Anwalt arbeiten.

Als Abgeordneter erwarb sich der junge Lincoln rasch großen Respekt. Schon mit 27 Jahren wurde er zum Führer seiner Partei gewählt. Und aus dem Jahr 1837 stammt seine erste dokumentierte Stellungnahme zur Sklaverei: »Die Institution der Sklaverei ist auf Ungerechtigkeit und schlechte Politik zurückzuführen.« Um daran etwas ändern zu können, musste Lincoln politisch noch weiter aufsteigen. Und auch das schaffte er: 1846 wurde er als Abgeordneter ins Parlament der Vereinigten Staaten gewählt. Nun saß er in Washington, dem Zentrum der Macht.

Die Sklavenfrage wurde in der amerikanischen Politik immer wichtiger. In den industrialisierten Nordstaaten sprach sich die Mehrheit dagegen aus; die Südstaatler mit ihren Baumwoll- und Tabakplantagen wollte die Schwarzen als Sklaven behalten.

1860 wurde in den Vereinigten Staaten ein neuer Präsident gewählt. Die Republikaner schickten Abraham Lincoln ins Rennen. Obwohl er krasser Außenseiter war, gewann er völlig überraschend die Wahl. Daraufhin traten die Südstaaten aus dem Staatenbund aus. Lincoln sagte, er wolle keinen Krieg, aber er sei durch seinen Amtseid verpflichtet, eine Spaltung mit allen Mitteln zu verhindern. Doch auf Verhandlungen ließen sich die Südstaatler nicht ein und so begann 1861 der amerikanische Bürgerkrieg. Noch während des Krieges erklärte Lincoln die Sklaverei für abgeschafft und die Sklaven zu freien Bürgern. Am 9. April 1865 kapitulierten die Südstaaten. Den endgültigen Frieden erlebte Lincoln allerdings nicht mehr. Fünf Tage nach der Kapitulation schoss ihm ein fanatischer Südstaatler eine Kugel in den Kopf.

Otto von Bismarck

(1815–1898)

Nach ihm ist ein Hering benannt, eine Inselgruppe im Pazifik und ein klarer Schnaps; fast alle deutschen Städte haben Straßen oder Plätze, die seinen Namen tragen; von keinem Menschen gibt es so viele Denkmäler in Deutschland wie von ihm: Otto von Bismarck mit ck.

Bis heute gehen die Meinungen über diesen Mann weit auseinander. Von manchen wird er als genialer Politiker und Gründer des Deutschen Reiches verehrt; andere halten ihn für einen skrupellosen Machtmenschen, der für die Erreichung seiner Ziele über Leichen ging.

Geboren wurde er auf einem Landgut bei Stendal im heutigen Sachsen-Anhalt. Sein Vater stammte aus einem alten Adelsgeschlecht, das große Ländereien besaß. Die Mutter kam aus einer bürgerlichen Familie, die Gelehrte und hohe Beamte hervorgebracht hatte. Sie kümmerte sich um die Erziehung von Otto. Dabei war sie sehr streng. »Sie hat immer gewollt, dass ich viel werden sollte; und es schien mir oft, dass sie hart, kalt gegen mich sei«, schrieb Bismarck Jahre später. Der kleine Otto litt sehr unter dieser Erziehung. Noch mehr litt er, als er schon mit sechs Jahren auf ein Internat nach Berlin geschickt wurde. Dort herrschte ein rauer Umgangston, Gehorsam und Disziplin waren wichtige Lernziele. Otto fühlte sich oft sehr einsam.

Nach dem Abitur studierte er in Göttingen und Berlin Rechtswissenschaften und war anschließend Referendar in Aachen. Aber er merkte immer deutlicher, dass er sein Leben nicht als Beamter verbringen wollte. Schon bei dem Gedanken daran »schrumpfe ich körperlich und geistig ein«, klagte er einem Freund.

Nach dem Tod seiner Mutter im Jahr 1839 verwaltete Bismarck zusammen mit seinem Bruder Bernhard den Familienbesitz. Anfangs führte er ein ausschweifendes Junggesellenleben mit vielen Jagdveranstaltungen, Festen und Feiern, bei denen er seine Gäste öfter »unter den Tisch trank«. Dann lernte er die fromme Johanna von Puttkamer kennen und lieben, heiratete sie und hatte mit ihr drei Kinder. Doch bald füllte ihn das Leben als Landadliger nicht mehr aus und er ging in die Politik. Nach einigen Zwischenstationen wurde er 1862 preußischer Ministerpräsident. Damals gab es noch keinen deutschen Staat, sondern nur einen »Deutschen Bund«, der aus 39 Einzelstaaten bestand; Preußen und Österreich stritten um die Vormacht.

Gleich in seiner ersten Rede machte Bismarck deutlich, dass sein Ziel ein deutscher Nationalstaat unter preußischer Führung war. Und er verschwieg nicht, wie er sich den Weg dorthin vorstellte: »Nicht durch Reden und Majoritätsbeschlüsse werden die großen Fragen der Zeit entschieden, sondern durch Eisen und Blut.« Und Bismarck nutzte jede Möglichkeit, seinen Worten Taten folgen zu lassen. Die erste Herausforderung bot ihm Dänemark, als es 1864 die Herzogtümer Schleswig und Holstein beanspruchte. Preußen und Österreich gewannen gemeinsam den Deutsch-Dänischen Krieg. Weil sie sich über die Verteilung von Schleswig und Holstein nicht einigen konnten, führte Preußen 1866 Krieg gegen Österreich und seine Verbündeten. In der Schlacht von Königgrätz siegten die preußischen Truppen. Danach verlor Österreich seinen Einfluss auf die weitere Entwicklung im deutschen Staatenverbund.

Nun war Bismarcks Plan, die anderen deutschen Länder durch einen Krieg gegen den gemeinsamen Feind Frankreich zusammenzubringen. Durch geschicktes Taktieren erreichte er, dass Frankreich Preußen und damit auch seinen Verbündeten den Krieg erklärte und vor der Welt als Angreifer dastand. Eine nationale Begeisterung brach aus, Soldaten aus allen deutschen Ländern marschierten gegen Frankreich und schlugen die Franzosen 1870 in der Schlacht von Sedan.

Am 18. Januar 1871 wurde im Spiegelsaal von Versailles der preußische König Wilhelm zum deutschen Kaiser Wilhelm I. ausgerufen. Das war die Geburtsstunde des deutschen Kaiserreichs. Otto von Bismarck wurde Reichskanzler und blieb es bis 1890. In diesen 19 Jahren bestimmte er wesentlich die deutsche und europäische Politik. Der Wunsch seiner Mutter, »dass ich viel werden sollte«, hatte sich also erfüllt. Ob die strenge Erziehung dazu beigetragen hat, kann niemand sagen.

DAS
KAPITAL

Karl Marx

(1818–1883)

In der zweiten Hälfte des 18. Jahrhunderts hatte in England eine Entwicklung begonnen, die das Leben der Menschen in kurzer Zeit so grundlegend veränderte, dass man von einer *»industriellen Revolution«* spricht. Viele Fabriken wurden gebaut, immer mehr Menschen zogen vom Land in die Städte, die sprunghaft wuchsen.

In dieser Umbruchzeit wurde am 5. Mai 1818 in Trier Karl Marx geboren. Über seine Kindheit und Jugend ist wenig bekannt. Aus seiner Zeit als Schüler des Gymnasiums in Trier ist der Abituraufsatz des 17-Jährigen erhalten: »Betrachtung eines Jünglings bei der Wahl seines Berufes«. Darin erläuterte Marx, dass es im Leben nicht darum gehe, eine möglichst hohe Position in der Gesellschaft zu erreichen und den größten Vorteil für sich selbst zu suchen. Das solle der Jüngling bei der Berufswahl bedenken, schrieb er. Und weiter: »Wenn er nur für sich schafft, kann er wohl ein berühmter Gelehrter, ein großer Weiser, ein ausgezeichneter Dichter, aber nie ein vollendeter, wahrhaft großer Mensch sein. Die Geschichte nennt diejenigen als die größten Männer, die, indem sie für das Allgemeine wirkten, sich selbst veredelten.« Von diesen Gedanken des Abiturienten führt ein gerader Weg zu den Gedanken des *Philosophen* Karl Marx. Er schrieb: »Die Philosophen haben die Welt nur verschieden interpretiert, es kommt darauf an, sie zu verändern.« Und er wollte die theoretische Grundlage für die Veränderung liefern, deren Ziel es war, »alle Verhältnisse umzuwerfen, in denen der Mensch ein erniedrigtes, ein geknechtetes, ein verlassenes, ein verächtliches Wesen ist«.

So ein Wesen ist nach Marx der Arbeiter im *Kapitalismus*, auch Proletarier genannt. Hier sei er »ein bloßes Zubehör der Maschine, von dem nur der einfachste, eintönigste, am leichtesten erlernbare Handgriff verlangt wird«. So zum »Ding« degradiert, verrichte der Mensch keine sinnvolle, ihn befriedigende Arbeit und werde sich selbst fremd. Zweck der Warenproduktion sei nämlich nicht die Bedarfsdeckung der Menschen, sondern das Erzielen eines möglichst hohen Profits. Deshalb müssten die Kosten, also auch die Löhne möglichst niedrig sein; die logische Folge sei die »Verelendung des Proletariats«. Dadurch wiederum fehle Kaufkraft und es komme zu »Überproduktionskrisen«. Um das zu beenden, müssten die Kapitalisten enteignet und die »Produktionsmittel« – also die Fabrikgebäude, Maschinen und Rohstoffe – der Allgemeinheit gehören. Dann, im *Kommunismus*, wäre die Ausbeutung des Menschen durch den Menschen zu Ende, und die Arbeiter könnten endlich die Güter herstellen, die zur Befriedigung der Bedürfnisse aller gebraucht würden. Am Ende dieser proletarischen oder sozialistischen Revolution stehe die klassenlose, kommunistische Gesellschaft, in der die Menschen nicht mehr fremdbestimmt seien, sondern getreu dem Motto »Jeder nach seinen Fähigkeiten, jedem nach seinen Bedürfnissen« leben könnten.

An der Ausarbeitung dieser Theorie hat auch Marx' Freund Friedrich Engels (1820–1895) mitgewirkt. Ihre Schriften haben lange nachgewirkt und die Welt verändert. Im 20. Jahrhundert entstanden mehrere Staaten, die sich auf den sogenannten Marxismus beriefen. Die Realität in diesen Staaten sah dann allerdings ganz anders aus als die Theorie. Überall gab es nur noch eine Partei und deren führende Funktionäre hatten die Macht im Staat. Freie Meinungsäußerung war nicht möglich, Kritiker wurden in Gefängnisse gesperrt und millionenfach ermordet.

Die Warenproduktion der neuen Wirtschaftsform, der Planwirtschaft, orientierte sich nirgendwo an den Bedürfnissen der Menschen, sondern an den Zielen der Führung. Es wurden riesige Summen in die Rüstung gesteckt, während wichtige Produkte für das tägliche Leben fehlten.

So hatte sich das Karl Marx nicht vorgestellt. Und er wäre bestimmt nicht einverstanden mit dem gewesen, was die Machthaber in den sozialistischen Ländern getan haben.

Florence Nightingale

(1820–1910)

William Edward Nightingale hatte von einem Onkel ein so großes Vermögen geerbt, dass er nicht mehr arbeiten musste. Im Jahr 1818 heiratete er Fanny Smith, dann machte das junge Paar eine zweijährige Hochzeitsreise durch *Europa*. Während der Reise bekamen sie zwei Töchter, die sie nach den Namen der Städte tauften, in denen sie geboren wurden: Parthenope und Florence.

Nachdem sie wieder in England waren, kauften die Nightingales im Süden ein Landhaus, wobei das Wort »Haus« eine maßlose Untertreibung ist; »Schloss« würde es besser treffen. Die beiden Töchter wurden nicht in eine öffentliche Schule geschickt, sondern zu Hause von den Eltern und von Privatlehrern unterrichtet. Zwischendurch unternahm die Familie immer wieder längere Reisen.

Mr und Mrs Nightingale waren gläubige Christen und sahen es als moralische Pflicht, den Armen zu helfen. Sie spendeten großzügig Geld, um die schlechte medizinische Versorgung der Menschen im Umfeld ihres Landsitzes zu verbessern. Aus dem erhaltenen Tagebuch der zehnjährigen Florence ist bekannt, dass sie von der Not der Armen wusste. Und als sie älter wurde, verspürte sie den Wunsch zu helfen, nicht nur mit Geld, sondern durch Taten. Am 7. Februar 1837 schrieb sie in ihr

Tagebuch: »Gott sprach zu mir und rief mich in seinen Dienst.« Florence wollte Krankenschwester werden.

Ihre Eltern waren entsetzt: Eine Tochter aus der Oberschicht lernte keinen Beruf! Sie bereitete sich auf eine standesgemäße Heirat vor, wurde Ehefrau und Mutter und nahm als Dame der Gesellschaft an Empfängen und Festen teil. Die Eltern hatten auch schon den geeigneten Mann für Florence ausgesucht, doch die lehnte dessen Heiratsantrag ab. Um Florence auf andere Gedanken zu bringen und in der Hoffnung, sie werde ihren Berufswunsch vergessen, wurde sie auf eine lange Reise geschickt, die sie bis nach Ägypten führte. Doch Florence besichtigte in den verschiedenen Ländern nicht nur die bekannten Sehenswürdigkeiten, sondern vor allem die Krankenhäuser. Die Reise bestärkte sie noch in dem Wunsch, Krankenschwester zu werden. Weil ihre Eltern das auch weiterhin ablehnten, wurde Florence krank. Sie wollte kein Leben leben, das in ihren Augen sinn- und nutzlos war.

Ihre Eltern machten sich große Sorgen und hatten schließlich ein Einsehen: Im Frühjahr 1851 durfte sie sich in Kaiserswerth bei Düsseldorf zur Krankenpflegerin ausbilden lassen. Allerdings wurde das in der Heimat geheim gehalten. Noch im selben Jahr reiste sie nach Paris, um dort in mehreren Krankenhäusern weiterzulernen.

1853 begann der Krimkrieg, an dem auch England teilnahm. Und schon bald berichtete die »Times«, mehr englische Soldaten würden in mangelhaften Lazaretten an Verwundungen und Krankheiten sterben als auf dem Schlachtfeld. Florence Nightingale bot einem guten Freund im Kriegsministerium an, mit anderen Freiwilligen ins Hauptlazarett nach Scutari zu fahren. Weil die Not so groß war, wurde sie mit 38 Krankenschwestern losgeschickt. Die Zustände in dem Lazarett waren katastrophal. Die Soldaten lagen in verschmutzten Räumen mit völlig unzureichenden sanitären Einrichtungen, zum Teil schon wochenlang in den gleichen Kleidern. Es wimmelte von Ungeziefer aller Art. Unter Anleitung von Florence Nightingale wurde das Lazarett zuerst in einen akzeptablen Zustand gebracht. Sie forderte weitere Pflegekräfte und allerlei Material aus der Heimat an. Dann organisierte sie einen Pflege- und Krankendienst, durch den die Sterberate deutlich gesenkt wurde. Im Frühjahr 1855 erkrankte sie selbst, blieb aber trotzdem in Scutari und arbeitete weiter. Die Soldaten verehrten sie und bald war Florence Nightingale nach der Königin die berühmteste Frau Englands. Sie nutzte ihre Berühmtheit und schuf nach dem Krieg die Grundlagen für eine professionelle Krankenpflege in Theorie und Praxis. Sie schrieb mehrere Lehrbücher und eröffnete 1860 in London eine Pflegeschule, die weltweit zum Vorbild für die moderne Krankenpflegeausbildung wurde.

Florence Nightingale erhielt viele Auszeichnungen und Ehrungen. Zur Erinnerung an diese ungewöhnliche Frau wird der 12. Mai, ihr Geburtstag, als internationaler »Tag der Krankenpflege« begangen.

Gregor Mendel

(1822–1884)

»Der ist ein Erbsenzähler!« Wer das über einen anderen sagt, will damit ausdrücken, dass der sehr korrekt, ja sogar pingelig ist. Das Wort »Erbsenzähler« hat also einen negativen Unterton.

Gregor Mendel war im wahrsten Sinne des Wortes ein Erbsenzähler und wurde von vielen Zeitgenossen wegen seiner Erbsenzählerei verspottet. Doch wäre er nicht so korrekt gewesen, hätte er seine wichtigen Entdeckungen nicht gemacht.

Sein Geburtsort Heinzendorf gehörte damals zu Österreich; heute heißt der Ort Vražné und liegt in Tschechien. Getauft wurde Mendel auf den Namen Johann. Er hatte eine jüngere und eine ältere Schwester und sollte später einmal den kleinen Bauernhof seiner Eltern übernehmen. Als Junge war er gern in der Natur, züchtete in der Dorfschule Bienen und half bei der Feld- und Stallarbeit mit, so gut er konnte. Aber weil er etwas schwächlich war, schien Bauer nicht der richtige Beruf für ihn zu sein. Ein Lehrer riet den Eltern, ihren intelligenten Sohn aufs Gymnasium zu schicken. Nur war das nächste fast 50 Kilometer von Heinzendorf entfernt. Eigentlich konnten sich die Eltern nicht leisten, Johann in der Stadt eine höhere Schule besuchen zu lassen; aber sie sparten sich das Geld dafür vom Munde ab. Trotzdem reichte es nicht für die gesamte Schulzeit. Mit 16 musste Johann seinen Lebensunterhalt selbst verdienen.

Um ihm das Studium an der Universität Olmütz zu ermöglichen, verzichtete seine jüngere Schwester Theresia auf ihr Erbe. Doch nach zwei Jahren brach er das Studium wegen »bitterer Nahrungssorgen« ab.

Weil er aber unbedingt lernen wollte, entschied er sich mit 21 Jahren, in ein Kloster zu gehen. Er wurde Mönch des Augustinerordens in Brünn und erhielt den Namen Gregorius. Von 1845 bis 1848 studierte er an der Theologischen Lehranstalt Theologie, Landwirtschaft und Botanik. 1847 wurde er zum Priester geweiht. Weil seine Vorgesetzten sahen, dass Mendel mehr Interesse an den Naturwissenschaften als am Priesteramt hatte, schickten sie ihn an die Universität nach Wien, wo er Mathematik, Chemie und Pflanzenkunde studierte. Sein Ziel war nun, Lehrer zu werden – was er aber nicht wurde, weil er bei der Prüfung zweimal durchfiel.

Enttäuscht kehrte er nach Brünn zurück, lebte im Kloster und durfte als Hilfslehrer an der Realschule unterrichten. Doch am liebsten war er im Klostergarten und beschäftigte sich mit der Züchtung von Pflanzen. Dabei fiel ihm auf, dass manchmal Blumen mit ganz neuen Farben heranwuchsen, und er wollte herausfinden, wie das funktionierte.

Im Jahr 1854 begann Mendel seine Kreuzungsversuche mit allerlei Pflanzen, vor allen Dingen aber mit Erbsen, weil die schnell wachsen. Zehn Jahre lang züchtete er etwa 28.000 Erbsenpflanzen, beobachtete genau, was bei den Kreuzungen passierte, und notierte alles. Dabei stellte er bei der Vererbung von Eigenschaften bestimmte Regeln fest, die als »mendelsche Regeln« in die Wissenschaftsgeschichte eingingen und bis heute fester Bestandteil des Biologieunterrichts sind. Gregor Johann

Mendel wurde mit seinen Erkenntnissen zum Begründer der Vererbungslehre oder, wie es neudeutsch heißt: der Genetik.

Allerdings war er seiner Zeit so weit voraus, dass zu seinen Lebzeiten niemand erkannte, welch große Leistung Mendel vollbracht hatte. Seine Abhandlung »Versuche über Pflanzenhybriden«, in der er seine Ergebnisse 1865 veröffentlichte, wurde kaum beachtet. Auch einige Vorträge und ein Aufsatz in einer Fachzeitschrift stießen in der wissenschaftlichen Welt auf Unverständnis und Desinteresse. Da gab Mendel seine Versuche zur Vererbungslehre auf und widmete sich ganz seinem geistlichen Amt.

Erst 15 Jahre nach seinem Tod wurde die Bedeutung der »mendelschen Regeln« erkannt und der »Erbsenzähler aus Brünn« entsprechend gewürdigt.

Henri Dunant

(1828–1910)

Das wohlhabende Genfer Kaufmannsehepaar Dunant bekam am 8. Mai 1828 einen Sohn und gab ihm den Namen Henri. Die Eltern waren sehr fromm und engagierten sich im sozialen Bereich. Sie unterstützten Arme und Kranke und kümmerten sich um Waisen und Vorbestrafte. Das erlebte schon der junge Henri mit. Er und seine jüngeren Geschwister wurden zu sozialer Verantwortung erzogen: Gerade weil es ihnen gut gehe, seien sie verpflichtet, sich um Menschen zu kümmern, denen es nicht so gut gehe. Damit man anderen helfen könne, müsse man fleißig sein und gut verdienen.

Zum Leidwesen seiner Eltern war Henri kein guter Schüler und musste die Schule wegen schlechter Noten vorzeitig verlassen. Danach begann er eine Banklehre, die er erfolgreich abschloss. Er arbeitete weiter in der Bank, stieg auf und reiste 1853/54 zweimal geschäftlich nach Algerien, das damals eine französische *Kolonie* war.

1856 gründete er mit einem Freund eine Firma und wollte in Algerien Mühlen bauen, um damit Geld zu verdienen. Doch es gab zunehmend Probleme mit den Behörden. Als wieder einmal eine wichtige Genehmigung endlos lange auf sich warten ließ, beschloss Henri Dunant, sich direkt an den französischen Kaiser zu wenden. Der war zu jener Zeit mit seinem Heer in der Nähe des Gardasees, um die italienischen Freiheitskämpfer gegen Österreich zu unterstützen.

Am 24. Juni 1859 kam es zur entscheidenden Schlacht bei Solferino. Sie wurde zu einer der blutigsten Schlachten des 19. Jahrhunderts. Etwa 250.000 Soldaten kämpften 15 Stunden lang mit allen Mitteln gegeneinander. Henri Dunant wurde Zeuge dieses Gemetzels und schrieb dazu: »Kugeln pfiffen durch den Pulverdampf, Bajonette und Säbel stießen unerbittlich zu. Immer mehr Soldaten starben oder lagen verwundet und schreiend am Boden. Als sich am Abend die Armeen endlich trennten, blieben nicht nur 6000 Tote, sondern auch 25.000 Verletzte zurück, um die sich niemand kümmerte, da sie für die Generäle nutzlos geworden waren. Ein Großteil von ihnen starb qualvoll.«

Dunant war schockiert, wie hier mit Menschenleben umgegangen wurde. Für ihn, der eigentlich gekommen war, um Geschäfte zu machen, gab es jetzt nur noch eines: den Verwundeten zu helfen. Spontan organisierte er mit Freiwilligen aus der Umgebung einen Hilfsdienst, ließ auf eigene Kosten Verbandsmaterial und Verpflegung herbeischaffen und richtete in einer Kirche ein Behelfshospital ein. Dort wurden Verwundete versorgt, egal auf welcher Seite sie gekämpft hatten. Der Ruf »Siamo tutti fratelli«, »Wir sind alle Brüder«, machte die Runde. Doch trotz der aufopferungsvollen Hilfe starben die meisten Verwundeten.

Die Erlebnisse in Solferino veränderten das Leben von Henri Dunant radikal. Er vernachlässigte seine Geschäfte, weil ihn die »Erinnerung an Solferino« nicht mehr losließ. Unter diesem Titel schrieb er ein Buch, das er an wichtige Persönlichkeiten in ganz *Europa* schickte. Neben den Schilderungen der Kampfhandlungen und den Versuchen, den verwundeten Soldaten zu helfen, skizzierte er seine Vorstellung, wie diese Hilfe zukünftig organisiert werden könnte. »Wäre es nicht möglich, schon im Frieden in allen Nationen Hilfsvereine für die Verwundeten des Krieges zu gründen?«, fragte er.

Das Buch wurde überwiegend positiv aufgenommen. Dunant erhielt viel Zustimmung und wenige Jahre später entstand 1863 aus seiner Idee das »Internationale Komitee des Roten Kreuzes«.

Dunant arbeitete weiterhin mit ganzer Kraft für die Organisation und kümmerte sich kaum noch um seine Geschäfte. Er verlor nicht nur sein gesamtes Vermögen, sondern hatte auch noch hohe Schulden und wurde aus dem Komitee ausgeschlossen. Enttäuscht verließ er Genf und ging nach Paris. Dort lebte der Begründer des Roten Kreuzes in großer Armut und wurde einige Zeit sogar für tot gehalten.

Erst im hohen Alter wurde er für sein Werk geehrt, unter anderem 1901 mit dem Friedensnobelpreis.

Hedwig Dohm

(1831–1919)

»Warum musste ich heimlich, als wär's ein Verbrechen, lesen? Warum durfte ich nichts lernen? Meine Brüder wollten und mochten nichts lernen und wurden dazu gezwungen.«

Das fragte Hedwig Dohm rückblickend, obwohl sie die Antwort wusste: weil sie ein Mädchen war.

Im 19. Jahrhundert war der Platz der Frauen noch durch die drei »K« – Kinder, Küche, Kirche – festgelegt, und Mädchen sollten nur lernen, was sie dafür brauchten. Deswegen durften sie auch kein Gymnasium besuchen und nicht studieren. Bildung und Ausbildung galten für Mädchen als nicht so wichtig. Sie würden ja ohnehin heiraten und dann von ihrem Mann versorgt werden.

Hedwig hatte zehn Brüder und sieben Schwestern. Das waren auch für damalige Zeiten ungewöhnlich viele Kinder. Die Jungen durften, ja mussten alle eine höhere Schule besuchen, die Mädchen nicht. Und weil Hedwig das älteste Mädchen war, musste sie der Mutter schon früh zur Hand gehen. Dabei war sie intelligenter als die meisten ihrer Brüder. Doch das interessierte niemand, am wenigsten ihre Mutter. »Ich fürchtete mich vor meiner Mutter, vor ihren Gewaltsamkeiten. Herzhaft und mit gutem Gewissen wurde damals geprügelt. Prügel und Erziehung waren beinahe identisch.«

Mit 15 musste Hedwig die Schule verlassen und als »höhere Tochter« – so wurden die Mädchen aus gutem Hause genannt – auf einen Ehemann warten. Doch damit wollte sie sich nicht abfinden und erkämpfte sich schließlich den Besuch eines Lehrerinnenseminars.

Für eine Reise zu ihrem ältesten Bruder nach Spanien lernte Hedwig im Jahr 1851 bei einem gewissen Ernst Dohm Spanisch. Dabei »funkte« es zwischen den beiden und 1853 heirateten sie. Ernst Dohm war Chefredakteur des satirischen Wochenblattes »Kladderadatsch« und ein bekannter Mann in Berlin. Durch ihn kam Hedwig Dohm in Kontakt mit der geistigen Elite der Berliner Gesellschaft. Im Dohm'schen Haus trafen sich Schriftsteller, Künstler und Politiker. Hedwig Dohm genoss dieses neue Leben.

Zwischen 1854 und 1860 brachte sie fünf Kinder zur Welt, erst einen Jungen, der früh starb, dann vier Mädchen. Sie sorgte dafür, dass alle eine gute Ausbildung erhielten, denn sie sollten »ein selbstbestimmtes Leben« führen können. Und weil sie das für alle Frauen wollte, fing sie an, schreibend dafür zu kämpfen. Von 1872 an veröffentlichte sie mehrere Streitschriften, unter anderem:

»Was die Pastoren von den Frauen denken«,
»Die wissenschaftliche Emanzipation der Frau«,
»Der Frauen Natur und Recht«.

Intelligenter, witziger und schärfer war bis dahin noch nie gegen die Vorherrschaft der Männer und für die Rechte der Frauen geschrieben worden. Hier ein Beispiel zu der Behauptung eines

Theologen, Männer seien für die Hausarbeit und Aufzucht der Kinder von Natur aus ungeeignet: »Wie, Herr von Nathusius? Die Hände, welche die feinsten optischen Instrumente herzustellen imstande sind, zu denen die vollendetste Geschicklichkeit gehört, ihnen sollte die Fähigkeit versagt sein, ein Kindchen zu wickeln, zu tragen, zu wiegen? Ich kann Ihnen versichern, dass nur ein Minimum von Geschicklichkeit dazugehört, und dass Sie selber, wenn Sie nur einige Wochen hindurch täglich einige Kinder wickeln müssten, nach Ablauf dieser Zeit ein Virtuose in dieser Kunst sein würden.«

Hedwig Dohm machte in ihren Schriften an vielen Beispielen deutlich, dass die Unterschiede zwischen Männern und Frauen – von einigen körperlichen mal abgesehen – »nicht natürlich, sondern sozial bedingt« sind. Und sie war nicht bereit, das hinzunehmen: »Glaube nicht, es muss so sein, weil es so ist und immer so war«, schrieb sie und forderte gleiche Bildungs- und Berufschancen für Mädchen wie für Jungen. Voraussetzung für die notwendigen Veränderungen sah Hedwig Dohm im Frauenwahlrecht. »Für mich liegt der Anfang alles wahrhaften Fortschritts auf dem Gebiet der Frauenfrage im Stimmrecht der Frauen. Die Gesetze sind gegen sie, weil ohne sie.«

Die Einführung des Frauenwahlrechts im Jahr 1918 erlebte sie noch. Im Alter von 87 Jahren durfte sie zum ersten Mal wählen.

Carl Friedrich Philipp Reis

(1834–1874)

»Das Pferd frisst keinen Gurkensalat.«

»Hä? Was soll das?«, werden jetzt manche fragen. »Der Satz ist doch bescheuert!«

Es geht hier nicht darum, was Pferde fressen und was nicht. Es geht auch nicht um vernünftiges Deutsch, sondern um die Erfindung des Telefons.

»Hä? Jetzt versteh ich gar nichts mehr!«, werden manche nun vielleicht sagen.

Also, die Sache ist die: »Das Pferd frisst keinen Gurkensalat« ist der erste Satz, der in ein Telefon gesprochen wurde. Und weil es hier um die Erfindung des Telefons geht, steht der berühmte Satz am Anfang. Gesprochen hat ihn Philipp Reis.

Er wurde im hessischen Gelnhausen als Sohn des Bäckermeisters Karl Reis und seiner Frau Marie geboren. Ein Jahr nach der Geburt starb die Mutter, und als Philipp zehn war, starb auch der Vater. Von da an wuchs er bei seiner Großmutter auf.

Eines Tages fand er in einer alten Truhe ein Buch des Abenteurers und Alchimisten Johann Joachim Becher (1635–1682) aus dem Jahre 1682. Darin las er von so unglaublichen Dingen wie Booten, die untertauchen und wieder hochsteigen können, von Fluggeräten und von einem Apparat, mit dem man Menschen, die weit entfernt sind, reden hören kann. Das faszinierte den Jungen und weckte sein Interesse für Technik und Naturwissenschaften.

Mit elf Jahren wechselte Philipp von der Volksschule an das Institut Garnier in Friedrichsdorf. In dieser naturwissenschaftlich orientierten Schule durften die Schüler im Fach Physik Versuche anstellen und die dazu nötigen Apparate selber bauen. Philipp lernte, dass die Experimente nur klappten, wenn er sauber und genau arbeitete. Obwohl er ein sehr guter Schüler war, konnte Philipp nicht studieren, weil dafür das Geld nicht reichte.

Er begann eine kaufmännische Lehre, bildete sich aber nebenher in Physik weiter und erhielt 1858 am Institut Garnier eine Stelle als Lehrer für Mathematik und Physik. Sein Unterrichtsgrundsatz lautete: »Keine Erkenntnis ohne Versuch, kein Lernen ohne Anschauung.« Dafür bastelte er in seiner Werkstatt Modelle, mit deren Hilfe er den Schülern auch komplizierte Sachverhalte und Vorgänge verständlich erklären konnte.

Einmal ging es darum, den Schülern Schallwellen anschaulich zu machen. Dafür baute Reis ein Modell des menschlichen Ohrs. Und während er seinen Schülern den Hörvorgang erklärte, fiel ihm der Apparat ein, von dem er als Junge gelesen hatte: Menschen, die weit entfernt sind, müssten einen reden hören können. So ein Apparat wäre eine tolle Sache, dachte er. Ausgehend vom menschlichen Ohr bastelte er mit Kupferdraht, Stricknadel, Zigarrenkiste, Batterie, Kabeln und noch weiteren Zutaten einen Apparat. Dann kam der große Moment, der Versuch! Ergebnis: Die Übertragung war zwar nur in eine Richtung möglich und die Übertragungsqualität war ziemlich schlecht, aber es funktionierte!

Reis verbesserte den Apparat und führte ihn am 26. Oktober 1861 den Mitgliedern des Physikalischen Vereins in Frankfurt vor. Dabei ging ein Mann mit dem Empfänger in den Nebenraum. Dann sprach Reis den oben zitierten Satz in den Sender. Der Mann kam etwas verwirrt aus dem Nebenraum zurück und sagte, es habe sich angehört wie »Das Pferd frisst keinen Gurkensalat«. So wurde die Geschichte später erzählt.

Jedenfalls durfte Reis im Jahrbuch des Vereins einen Artikel »Über Telephonie durch den galvanischen Strom« veröffentlichen. Reis wollte sein »Telephon« weiter verbessern. Doch dann erkrankte er an Tuberkulose und starb eine Woche nach seinem 40. Geburtstag.

Ein paar Geräte hatte er noch verkauft. Eines davon bekam der Amerikaner Graham Bell (1847–1922) in die Hände. Er entwickelte es weiter und meldete es beim Patentamt an, ohne Philipp Reis zu erwähnen. Bell wurde reich und berühmt, Reis beinahe vergessen. Doch bis heute gilt der 26. Oktober 1861, der Tag, an dem er sein »Telephon« erstmals öffentlich vorstellte, als die Geburtsstunde des Fernsprech- und Telekommunikationswesens.

Bertha von Suttner

(1843–1914)

Bertha Sophia Felicita Gräfin Kinsky von Chinitz und Tettau, das klingt ziemlich beeindruckend. Und die kleine Bertha wusste schon früh, dass sie zu der besseren Gesellschaft im österreichisch-ungarischen Kaiserreich gehörte. Ihr Vater war zwar vor ihrer Geburt gestorben, hatte aber ein beträchtliches Vermögen hinterlassen. Die junge Mutter war mit Bertha und ihrem sechsjährigen Bruder von Prag nach Wien gezogen, wo sie hoffte, erst für sich und später für ihre Tochter einen geeigneten Mann zu finden. Bei Bertha hatte das noch Zeit, und die sollte sie nutzen, um später bei Empfängen und Bällen angenehm aufzufallen. Dazu gehörte, dass man in mehreren Sprachen charmant plaudern konnte. Von Vorteil war auch, wenn man ein oder zwei Musikinstrumente beherrschte und sich in der Literatur auskannte.

Gut vorbereitet kam Bertha ins heiratsfähige Alter, erlebte dann aber einige Enttäuschungen: Der erste Kandidat war ihr mit 52 Jahren einfach zu alt, der zweite entpuppte sich als Heiratsschwindler und der dritte starb während der Verlobungszeit.

Zu allem Unglück hatte ihre Mutter auch noch das Vermögen beim Roulette verspielt. Als verarmte Adlige sah die inzwischen 30-jährige Bertha kaum noch Chancen auf eine »gute Partie«. Deswegen musste sie zum ersten Mal in ihrem Leben

Geld verdienen. Das tat sie als Erzieherin der vier Töchter des reichen Baron von Suttner. Zu ihren Aufgaben gehörte, die Mädchen Fremdsprachen zu lehren und ihnen das Klavierspielen beizubringen.

Die Suttners hatten auch drei Söhne. Einer von ihnen, Arthur, verliebte sich in die sieben Jahre ältere Bertha – und sie sich in ihn. Als seine Eltern davon erfuhren, kündigten sie Bertha sofort. Doch die beiden ließen sich nur vorübergehend trennen; am 12. Juni 1876 heirateten sie heimlich und flohen in den Kaukasus zu einer Fürstin, die Bertha früher mal zu sich eingeladen hatte.

Im Frühjahr 1877 begann der Russisch-Türkische Krieg. Bis dahin hatte Bertha Kriege immer nur aus der Ferne erlebt und sich auch nicht damit beschäftigt. »Politik interessierte mich nicht im Mindesten; Tagesblätter las ich nicht. Ich kann es heute nicht begreifen, dass ich so stumpfsinnig sein konnte«, schrieb sie in ihren Memoiren. Im Kaukasus änderte sich das. Zum ersten Mal erlebte sie einen Krieg mit all seinen Schrecken aus der Nähe. Und sie begriff, dass es Lügen waren, wenn Kriege von den Herrschenden als etwas Natürliches, Gutes und Ehrenvolles dargestellt wurden, in dem junge Männer zu Helden werden konnten. Auch die tapfersten Soldaten waren für die Feldherren nur Kanonenfutter, nichts anderes.

Bertha beschloss, über den Krieg zu schreiben, wie sie ihn nun sah. Das tat sie anfangs unter dem Pseudonym »B. Oulut«, weil sie befürchtete, niemand würde Texte von einer Frau ernst nehmen.

1885 kehrten die Suttners nach Wien zurück, versöhnten sich mit Arthurs Eltern und lebten fortan im Familienschloss.

Bertha schrieb weiter und veröffentlichte 1889 – erstmals unter ihrem Namen – den Roman »Die Waffen nieder!«. Darin erzählte sie in einer ungeschminkten Sprache vom Krieg, wie zuvor noch nie von ihm erzählt worden war: von zerfetzten Körpern, von Verwundeten und Verstümmelten, von gellenden Schmerzensschreien auf dem Schlachtfeld und in den Lazaretten, vom Leid der Mütter, Frauen und Kinder. Das Buch erschütterte die Leser und wurde ein sensationeller Erfolg. Innerhalb kurzer Zeit wurde es in alle europäischen Sprachen übersetzt, machte die Autorin berühmt und zum führenden Kopf einer entstehenden Friedensbewegung, der sich immer mehr Menschen anschlossen.

Unter dem Motto »Die Waffen nieder!« hielt sie viele Vorträge und wurde als Rednerin weltweit zu Friedenskongressen eingeladen. 1891 gründete sie die »Österreichische Gesellschaft der Friedensfreunde«, ein Jahr später die »Deutsche Friedensgesellschaft«.

Für ihren unermüdlichen Einsatz erhielt sie 1905 als erste Frau den Friedensnobelpreis.

Robert Koch

(1843–1910)

»Operation gelungen, Patient tot.« Was heute ein flotter Spruch ist, war früher oft traurige Wirklichkeit. Und schuld waren in den meisten Fällen Bakterien. Doch das wusste man bis in die Mitte des 19. Jahrhunderts nicht. Auch dass diese winzigen Lebewesen tödliche Seuchen wie die Pest, Cholera oder Tuberkulose auslösen können, war damals noch unbekannt. Mediziner und Wissenschaftler gingen davon aus, dass solche Seuchen durch »Miasmen« verbreitet werden, das heißt durch giftige Ausdünstungen des Bodens. Die wahren Ursachen und Zusammenhänge entdeckte dann ein Landarzt in Pommern mit einem kleinen Mikroskop: Robert Koch.

Geboren wurde er als Sohn einer Bergmannsfamilie in Clausthal im Harz. Dort wuchs er gemeinsam mit zehn Geschwistern auf.

Der kleine Robert wollte auch lesen und schreiben können wie seine älteren Brüder; weil er noch nicht in die Schule durfte, schaute er ihnen beim Lernen zu und brachte es sich selbst bei. Mit fünf Jahren konnte er es und wurde vorzeitig eingeschult. Mit acht kam er aufs Gymnasium und nach dem Abitur studierte er in Göttingen Medizin. Auch das Studium ging bei ihm ziemlich flott, mit 22 war er bereits Arzt – und ein Jahr später auch Ehemann. Weil seine Freundin, die Pfarrerstochter Emmy Fraatz, schwanger war, hatten sie schnell geheiratet.

Zunächst arbeitete Koch als Assistenzarzt in einem Hamburger Krankenhaus, dann folgten verschiedene Stellen als Landarzt. Im Deutsch-Französischen Krieg 1870/71 meldete er sich als Freiwilliger zum Sanitätsdienst.

Nach dem Krieg bekam er eine Stelle als Kreisarzt in Wollstein, das heute zu Polen gehört. Dort hatte Koch bei seiner täglichen Arbeit auch mit dem Milzbrand zu tun. An dieser Krankheit starb nicht nur das Vieh der Bauern, sie war auch für die Menschen gefährlich.

Koch richtete in der Wohnung ein kleines Labor ein und begann in seiner Freizeit zu forschen. Er wollte vor allem herausfinden, was den Milzbrand verursachte. Dafür legte er Blutstropfen von verendeten Tieren unters Mikroskop und entdeckte »Stäbchen«, die im Blut von gesunden Tieren nicht vorhanden waren. In langen Versuchsreihen erkannte Koch, dass es sich bei den Stäbchen um winzige Lebewesen handelt, die den Milzbrand auslösen. Damit war es ihm zum ersten Mal gelungen, einen Mikroorganismus als Erreger einer Infektionskrankheit nachzuweisen. Jetzt galt es »nur« noch, einen Impfstoff gegen die gefährliche Krankheit zu entwickeln.

Seine Arbeit machte Koch in Fachkreisen bekannt und 1880 wurde er als Leiter der neuen Bakteriologischen Abteilung an das Kaiserliche Gesundheitsamt nach Berlin berufen. Dort konnte er nun hauptberuflich und unter viel besseren Bedingungen forschen. Es dauerte auch nicht lange, bis Koch einen Erfolg melden konnte, der ihn weltberühmt machte: 1882 entdeckte er den Erreger der Tuberkulose. Diese im Volksmund

Schwindsucht genannte Krankheit war damals die Todesursache Nummer eins beim Menschen.

Auf Einladung der englischen Regierung leitete Koch ein Jahr später eine Forschungsexpedition nach Ägypten und Indien, wo Choleraepidemien wüteten. In Indien entdeckte er den Erreger der Cholera; und was besonders wichtig war, durch verschiedene Beobachtungen wurde ihm klar, dass die Bakterien im Wasser übertragen werden.

Aufgrund seiner großen Verdienste wurde Robert Koch hoch geehrt. In einer Sache erlebte er allerdings einen Misserfolg: Nach jahrelangen Tierversuchen glaubte er, einen Impfstoff gegen die Tuberkulose entwickelt zu haben. 1890 stellte er das »Wundermittel Tuberkulin« auf einem internationalen Medizinerkongress vor und wurde gefeiert wie ein Popstar. Doch bei Menschen löste das Mittel heftige allergische Reaktionen aus, half ihnen aber nicht gegen die Krankheit. Trotz dieses Fehlschlags erhielt er 1905 »in Anerkennung seiner Untersuchungen und Entdeckungen im Bereich der Tuberkulose« den Nobelpreis für Medizin.

Mit seiner Arbeit trug Robert Koch maßgeblich zur Eindämmung von Seuchen und zur Bekämpfung von Krankheiten bei, die bis dahin Millionen Menschenleben gekostet hatten.

Carl Friedrich Benz

(1844–1929)

Viele Erfindungen haben nicht einen Erfinder, sondern mehrere »Vorerfinder«, ohne deren Leistungen der Erfinder seine Erfindung kaum gemacht hätte. So war es auch beim Automobil. Trotzdem wird Carl Friedrich Benz zuerst genannt, wenn von der Erfindung des Automobils die Rede ist.

Er wurde am 25. November 1844 als uneheliches Kind der Karlsruher Dienstmagd Josephine Vaillant und des Lokomotivführers Johann Georg Benz geboren. Ein Jahr nach der Geburt heirateten seine Eltern und der Junge bekam den Namen Carl Friedrich Benz. Schon im folgenden Jahr holte sich der Vater auf der zugigen Lokomotive eine Lungenentzündung, an der er starb. Nach dem schmerzlichen Verlust sorgte die Mutter aufopferungsvoll für ihren Sohn. Sie wollte ihm eine gute Schulbildung ermöglichen, damit er Beamter werden konnte. Das war ihr Wunsch. Aber Carl interessierte sich in der Schule am meisten für Physik und Chemie. Dank seiner ausgezeichneten Leistungen durfte er den Lehrern bei physikalischen und chemischen Experimenten häufig assistieren.

Seine Lehrer empfahlen der Mutter am Ende der Schulzeit, ihren Sohn auf das Polytechnikum Karlsruhe zu schicken. Obwohl ihr Geld dafür nicht reichte, ließ sie ihn die Aufnahmeprüfung machen, die er im September 1860 bestand. Damit ihr

Sohn Maschinenbau studieren konnte, sparte sich die Mutter jeden Pfennig vom Mund ab. Und natürlich musste Carl nebenbei arbeiten, um etwas dazuzuverdienen. Nach vier Jahren schloss er das Studium erfolgreich ab.

Und nun? Er fand keine Stelle, die seinen Fähigkeiten entsprach, und musste als Schlosser bei der »Karlsruher Maschinenbau-Gesellschaft« anfangen, um Geld zu verdienen. Die Arbeitszeit betrug zwölf Stunden am Tag; das hieß zwölf Stunden bohren und feilen. Später schrieb er über diese Zeit: »Hier lernte ich das Wort ›Lehrjahre sind keine Herrenjahre‹ von der strengsten Seite kennen.«

Seine nächsten Stellen waren in Mannheim und Pforzheim, wo er als Konstrukteur arbeitete und viel über Lokomotiv-, Fahrzeug- und Brückenbau lernte.

Im März 1870 starb seine Mutter, der wichtigste Mensch in seinem Leben. Fast gleichzeitig begegnete er einer anderen Frau, die nun der wichtigste Mensch für ihn wurde: Berta Ringer.

Seit seiner Studienzeit beschäftigte Carl Benz der Gedanke, »ein Fahrzeug herzustellen, das ohne Pferde, ähnlich wie die Züge auf den Schienen, sich auf der Landstraße schienenlos bewegte«. Diesen Gedanken wollte er in einer eigenen Werkstatt in die Tat umsetzen. Weil er dafür nicht genügend Geld hatte, tat er sich 1871 mit einem Partner zusammen. Doch schon bald kam es zu Streitigkeiten. Der Partner stieg aus und wollte sein Geld. Nur durch die finanzielle Unterstützung seiner Verlobten konnte Benz den Partner auszahlen und die Werkstatt erhalten. Am 20. Juli 1872 heirateten Carl Benz und Berta Ringer, am 1. August wurde die Werkstatt in »Carl Benz, Eisengießerei und mechanische Werkstätte« umbenannt.

Jahrelang arbeitete Benz an der Verwirklichung seines Traums und stand dabei mehrfach vor dem Ruin. »Nur ein Mensch harrte in diesen Tagen, wo es dem Untergange entgegenging, neben mir im Lebensschifflein aus. Das war meine Frau. Tapfer und mutig hisste sie neue Segel der Hoffnung«, schrieb er in seinen Lebenserinnerungen.

Nach vielen Experimenten, Misserfolgen und Neuanfängen gelang es Benz im Jahr 1885, das erste Fahrzeug mit Benzinmotor, elektrischer Zündung und Wasserkühlung zu bauen. Der Motor hatte 0,8 PS, die Höchstgeschwindigkeit betrug 16 km/h. Anfangs erntete Benz für den »Wagen ohne Pferde« mehr Spott als Anerkennung. Um für das Automobil zu werben, fuhr Berta Benz am 5. August 1888 – ohne Wissen ihres Mannes – mit den beiden Söhnen von Mannheim nach Pforzheim. Das waren 106 Kilometer, die Fahrt dauerte etwa 13 Stunden. Weil es noch keine Tankstellen gab, musste Berta Benz in der Stadtapotheke Wiesloch *Treibstoff* kaufen. Diese erste Überlandfahrt sorgte für viel Aufsehen und war ein wichtiger Schritt zur Anerkennung des Automobils.

Worterklärungen

Absolutismus, Absolutist
Eine Herrschaftsform im 17. und 18. Jahrhundert, in der Könige (auch: Monarchen) die ganze, also »absolute« Macht im Staat besaßen. Was der König entschied und bestimmte, war Gesetz für alle. Er musste sein Handeln vor niemandem begründen und rechtfertigen.

Analphabet
Ein Mensch, der weder lesen noch schreiben kann.

Anatomie
Die Wissenschaft vom menschlichen Körper, also wie das Skelett, die Muskeln, die Organe, der Blutkreislauf usw. aufgebaut sind und miteinander zusammenhängen.

Antike, antik
Sie umfasst die Zeit von etwa 800 v. Chr. bis 600 n. Chr. Damals waren im Mittelmeerraum die gesellschaftlichen, kulturellen und religiösen Ansichten Griechenlands und des Römischen Reichs vorherrschend.

Astronomie
Die Wissenschaft von den Himmelskörpern. Mithilfe von Instrumenten werden Planeten und Sterne beobachtet und in Zusammenhänge gebracht.

Aufklärung, Aufklärer
Im 18. Jahrhundert wurden Gedanken und Ideen, die von *Philosophen* zum Teil schon früher formuliert worden waren, wieder aufgenommen und weitergedacht. Die Menschen wollten sich nicht mehr vorschreiben lassen, was sie zu denken hatten, weder vom König noch von der Kirche. Das Ziel war nun, aufgrund von Wissen und Erkenntnissen selbstständig zu denken und zu handeln.

Demokratie
So wird die Staatsform genannt, in der gewählte Vertreter aus dem Volk die Regierung bilden. Die Demokratie wurde von den Bürgern hart erkämpft. Denn jahrhundertelang regierten Könige und Fürsten in *Europa*, das Volk hatte kein oder kaum Mitspracherecht.

Die erste demokratische *Verfassung* gab es in den Vereinigten Staaten von Amerika im Jahre 1787. Zu den Grundlagen einer Demokratie gehört, dass die Macht im Staat geteilt ist. Das nennt man Gewaltenteilung. Es gibt die gesetzgebende Gewalt (das Parlament), die ausführende Gewalt (Regierung und Verwaltung) und die richterliche Gewalt (Hohe Gerichte).

Dreißigjähriger Krieg
Von 1618 bis 1648 herrschte in fast ganz *Europa* ein schlimmer Krieg. Ursprünglich ging es um Interessen verschiedener Königshäuser – also darum, wer wo wie viel Macht haben durfte. Schnell wurde daraus auch ein Religionskrieg: Die katholische Kirche und katholische Fürsten versuchten, die sich rasch ausbreitende *Reformation* aufzuhalten. Dagegen wehrten sich die protestantischen Fürsten. Nicht nur Krieg und Hunger, sondern auch Krankheiten führten dazu, dass manche Dörfer nahezu ausstarben.

Europa, Europäer
So heißt der Erdteil (oder: Kontinent), in dem wir leben. Auf dem Festland und auf den Inseln in den umliegenden Meeren haben inzwischen knapp 50 Staaten ihr Gebiet. Das Zusammenwachsen dieser Staaten zu einem vereinten Europa war und ist ein schwieriger Prozess. Nach dem Zweiten Weltkrieg (1939–1945) entschlossen sich einige Staaten, friedlich zusammenzuleben und gemeinsam eine starke Wirtschaft aufzubauen. Daraus entstand Schritt für Schritt die »Europäische Union«. Heute wählen die Bürger der Mitgliedsstaaten ihre Vertreter in das Europäische Parlament, damit dort die Interessen aller angehört und berücksichtigt werden können.

Wenn man sagt, **Karl der Große** sei der Vater Europas, meint man, dass er der Erste war, der (nach einigen Kriegen) auf friedlichem Wege zu einem Miteinander der verschiedenen Völker finden wollte.

Französische Revolution
Der französische König **Ludwig XIV.** und seine beiden Nachfolger führten einen teuren Hofstaat. Währenddessen hungerten die Menschen im Volk. Am 14. Juli 1789 brach in Paris eine Revolution aus: Die »Bürger«, wie sich die Menschen aus dem Volk nannten, kämpften für eine Regierung, die die Interessen aller Franzosen vertrat. »Freiheit, Gleichheit, Brüderlichkeit!«, forderten sie. Doch als der König abgesetzt war, konnten sich die Vertreter der einzelnen »Parteien« nicht einigen, wie das Land regiert werden sollte. Viele Jahre lang herrschte Chaos in Frankreich, bis **Napoleon Bonaparte** die Situation ausnutzte, sich an die Spitze der Regierung setzte und Kaiser wurde.

Freie Bauern
Freie Bauern »gehörten« im Gegensatz zu Leibeigenen oder *Sklaven* keinem »Herrn«. Sie waren selbstständig und hatten eigenes Land, das sie bestellten und dessen Erträge sie verkauften. Sie hatten auch Rechte und Pflichten zur Mitwirkung bei Gericht und bei Kriegen.

Freier Schriftsteller/Künstler
Früher standen Schriftsteller und Künstler »im Dienst« von reichen Leuten, zum Beispiel Fürsten und Königen, und hatten nach deren Geschmack und Vorstellungen zu schreiben oder Kunstwerke zu gestalten. Hat ein Schriftsteller oder Künstler keinen »Dienstherrn«, nennt man ihn »frei«. Er kann seine Werke nach seinen eigenen Ideen gestalten – muss aber selbst

dafür sorgen, sie zu verkaufen und damit Geld für »seine Brötchen« zu verdienen.

Germanen

Ein Sammelbegriff für verschiedene Volksstämme, die in Mittel- und Nord*europa* lebten. Die Stämme trugen klangvolle Namen, zum Beispiel Gallier, Teutonen, Alemannen, Langobarden, Goten, Vandalen. In der *Antike* versuchten Legionen des Römischen Reichs unter Feldherren wie **Gaius Julius Cäsar** die Gebiete der germanischen Völker zu besetzen. Als das Römische Reich um 400 n. Chr. schwächer wurde, fielen einige germanische Stämme in Rom ein und übernahmen die Macht.

Dass Deutschland Stammesgebiet war, klingt noch im englischen Wort »Germany« nach. Aus dem französischen Wort »Allemagne« hört man die Alemannen heraus – und aus »Deutschland« die Teutonen.

Heliozentrisches Weltbild

Damit wird das Weltbild bezeichnet, in dem die Sonne (= altgriechisch »helios«) den Mittelpunkt des Universums bildet und die Erde sich zusammen mit anderen Planeten um sie dreht. In der *Antike* glaubten die Menschen, dass der Gott Helios mit seinem Sonnenwagen einmal pro Tag über den Himmel fährt. *Philosophen* wie Ptolemäus erklärten, dass sich die Sonne und alle Sterne um die Erde drehen. Dieses »geozentrische« Weltbild (geo = altgriechisch »Erde«), bei dem die Erde im Mittelpunkt des Universums steht, vertrat die Kirche über Jahrhunderte unerbittlich. Doch sie konnte nicht verhindern, dass sich die Erkenntnisse von **Nikolaus Kopernikus** und **Galileo Galilei** allmählich durchsetzten.

Hexe
So wurden im Mittelalter Frauen bezeichnet, die angeblich über Zauberkräfte verfügten und mit dem Teufel Kontakt hatten. In Hexenprozessen, die oft Richter der *Inquisition* führten, wurden viele Tausend Frauen zum Tod verurteilt und umgebracht.

Improvisiertes Spiel
Damit wird ein Musikstück oder auch Theaterstück bezeichnet, das ohne Vorbereitung entsteht, während der Künstler es spielt. Es gibt keine Noten und keinen Text, der Künstler lässt seine Ideen einfach »fließen« und überrascht seine Zuhörer oder Zuschauer mit dem, was da gerade passiert.

Industrialisierung, industrielle Revolution
Mit Industrialisierung wird der Prozess bezeichnet, wenn handwerkliche oder landwirtschaftliche Tätigkeiten zunehmend durch Maschinen erleichtert oder ganz übernommen werden und sich dadurch die Erträge steigern. In der Zeit von etwa 1750 bis 1900 nahm diese Entwicklung sprunghaft zu. Von Erfindern wie **James Watt** wurden neue Maschinen gebaut, die menschliche Muskelkraft ersetzten und Produktionsabläufe schneller machten. Die Wirtschaft und das Arbeitsleben

unzähliger Menschen änderten sich so tief greifend, dass von einem Umsturz, einer »industriellen Revolution« gesprochen wird.

Inquisition

Inquisitoren waren im späten Mittelalter vom Papst, dem Oberhaupt der katholischen Kirche, eingesetzte Richter. Sie durften in eigens einberufenen Gerichtsverfahren Menschen als *»Hexe«* oder *»Ketzer«* verurteilen. Im Zuge der Inquisition wurden unzählige Menschen verfolgt, gefoltert und zum Tode verurteilt.

Jesuitenkolleg

Eine streng katholische Schule oder Universität. Der *Reformation* von **Martin Luther** begegnete die katholische Kirche mit der sogenannten Gegenreformation. Es wurde versucht, den Katholizismus in den Gegenden, die protestantisch geworden waren, wieder auszubreiten – und das nicht nur auf politischer Ebene: In den Jesuitenkollegien sollten die Schüler zu festen Stützen der katholischen Kirche erzogen werden.

Kapitalismus

So wird die Wirtschaftsform bezeichnet, in der Menschen mit Kapital, also Vermögen, andere Menschen für sich arbeiten lassen. Dafür bekommen diese einen Lohn. Im Kapitalismus hat ein Unternehmen das Ziel, noch mehr Kapital zu erwirtschaften, als zuvor investiert, also eingesetzt wurde. Dabei werden durch erfolgreiche Arbeit nicht die Arbeiter reicher, sondern derjenige oder diejenigen, dem oder denen das investierte Kapital gehört. Bereichern sich die Vermögenden, weil sie ihre Arbeiter unter schlechten Bedingungen und für wenig Lohn arbeiten lassen, sprechen *Philosophen* wie **Karl Marx** und Friedrich Engels von »Ausbeutung«.

Ketzerei, Ketzer
Als Ketzer wurden Menschen bezeichnet, die vermeintlich oder tatsächlich nicht die Ideen der Kirche vertraten. Wenn sie eine andere Meinung als die von der Kirche »genehmigte« unter die Leute brachten, nannte man das damals Ketzerei. Das war ein Vergehen, das hart bestraft wurde – meistens mit dem Tod.

Kolonie
Mit der Entdeckung neuer Kontinente eigneten sich die *Europäer* riesige Landstriche an. Die Monarchen und Staatsoberhäupter *Europas* erklärten sie zu ihrem Besitz, obwohl dort bereits Menschen lebten, die auch ihre eigenen Anführer hatten. Diese »Besitzungen« wurden Kolonien genannt. Die »Besitzer« versuchten, aus den Kolonien alle möglichen Schätze herauszuholen, die sie reich machten: zum Beispiel Gold, Silber, Kaffee, Kakao oder Tabak. Die Menschen in den Kolonien mussten für diese »Kolonialherren« arbeiten.

Auch die Staaten von Nordamerika waren zunächst Kolonien von England und Frankreich. Doch je mehr Europäer nach

Amerika auswanderten und dort ihre eigene Regierung aufbauten, desto weniger wollten sie eine abhängige Kolonie sein – und schickten dem englischen König einen Brief: die *Unabhängigkeitserklärung.*

Kommunismus

Als Gegenbild zum *Kapitalismus* hat **Karl Marx** den Kommunismus entworfen: Allen Menschen gehört alles gemeinsam. Fabriken und landwirtschaftliche Betriebe gehören also nicht einem oder wenigen »Kapitalisten«, sondern dem gesamten Volk. Die erwirtschafteten Erträge werden gerecht an alle verteilt. Es gibt keine Reichen und Armen, keine Herren und Knechte mehr. Leider hat diese schöne Idee in den Staaten, die sie umsetzen wollten, nicht funktioniert.

La Pietà

So nennt man in der bildenden Kunst eine ganz bestimmte Art der Darstellung von Jesus und seiner Mutter Maria: Maria betrauert den toten Jesus, der in ihrem Schoß liegt.

Leibeigenschaft

Früher war es möglich, dass Menschen anderen Menschen gehörten. Schon in der *Antike* kauften sich reiche Leute *Sklaven.* Die Sklaven bekamen für ihre Arbeit keine Bezahlung, sondern nur Essen und einen Platz zum Schlafen. Im Mittelalter gehörten leibeigene Bauern zusammen mit dem Land, das sie bearbeiteten, einem Adligen. Sie mussten Abgaben leisten, dafür hatte sie ihr Herr vor Feinden zu beschützen. Lange Zeit glaubte man, es sei von Gott gewollt, dass es »niedrige« und »hochgestellte« Menschen gab.

Um die *Kolonien* in Südamerika und die riesigen Baumwollplantagen im Süden von Nordamerika zu bewirtschaften, wurden Millionen Menschen gegen ihren Willen aus Afrika über den Atlantik gebracht und verkauft. Erst Ende des 18. Jahrhunderts wurden Sklaverei und Leibeigenschaft weltweit allmählich abgeschafft.

Meditation

Das Wort kommt aus dem Lateinischen und Griechischen und bedeutet so viel wie »nachdenken«, »nachsinnen«. Über Konzentrationsübungen kommt man zur Ruhe und besinnt sich auf Wichtiges, das im Alltag untergeht. In einigen Religionen wird so intensiv meditiert, dass sich der Bewusstseinszustand verändert, und die Menschen fühlen sich näher bei Gott.

Philosophie, Philosoph

Ursprünglich bedeutet das Wort »Weltweiser«: In der *Antike* waren Philosophen allgemein kluge Menschen, die sich in besonderer Weise mit den Zusammenhängen in der Welt beschäftigten. Aus der Philosophie entwickelten sich im Laufe der Jahrhunderte die verschiedenen Wissenschaften. Heute bezeichnet man als Philosophen Menschen, die sich unabhängig von einem begrenzten Wissensgebiet und bestimmten

Methoden einem Thema allein durch Fragestellungen nähern. Oft sind das Fragen der Ethik, also des richtigen Handelns.

Reformation

Dieses Wort bedeutet ursprünglich »Wiederherstellung« oder »Erneuerung«. Mit seinen 95 Thesen hatte **Martin Luther** eine gesellschaftliche Bewegung in Gang gesetzt und es kam zu unterschiedlichen Richtungen der Kirchenreformierung. Während sich der evangelisch-reformierte Glaube in Mittel- und Norddeutschland nach Luther und in der Schweiz nach Ulrich Zwingli (1484–1531) und Johannes Calvin (1509–1564) verbreitete, sagte sich in England **Heinrich VIII.** von Rom los und gründete die anglikanische Kirche.

Reichstag

Im Mittelalter war das die Bezeichnung für die Versammlung des Königs mit den Fürsten, um über wichtige Dinge im Reich zu sprechen. Solange Könige wie **Karl der Große** noch keinen festen Regierungssitz hatten, fanden die Reichstage an verschiedenen Orten statt. Obwohl die Versammlung ReichsTAG heißt, dauerte sie meistens mehrere Tage und manchmal sogar Wochen. Ab 1663 tagte der »Immerwährende Reichstag« als Ständevertretung in Regensburg. 1871 wurde unter **Otto von Bismarcks** Federführung das »Deutsche Reich« gegründet: Der Kaiser war das Staatsoberhaupt, aber im Parlament wurden die Interessen der Bevölkerung (oder zumindest eines Teils davon) vertreten. Weil diese Versammlung einen Versammlungsort brauchte, wurde 1884–1894 das Reichstagsgebäude in Berlin gebaut. Seit 1999 hält dort der Deutsche Bundestag seine Sitzungen ab. Heute kann man den »Reichstag« also besichtigen.

Sklaven
siehe *Leibeigenschaft*

Treibstoff
Auch: Brennstoff. So bezeichnet man eine Flüssigkeit, die durch Verbrennung Energie freisetzt und eine Maschine »zum Laufen« bringt. Heute funktionieren die meisten Automotoren mit Benzin- oder Dieseltreibstoff. Die gab es zu **Carl Friedrich Benz**' Zeiten noch nicht. Sein Automobil wurde mit Ligroin betrieben, einem Leichtbenzin, das zur chemischen Reinigung genutzt und zu diesem Zweck in kleinen Mengen auch in Apotheken und Kaufläden verkauft wurde. Deshalb war die erste Tankstelle der Welt eine Apotheke!

Troja, trojanisch
So heißt eine sagenumwobene Stadt, die höchstwahrscheinlich in der heutigen Türkei gelegen hat. Vor langer Zeit wurde diese Stadt viele Jahre belagert und heiß umkämpft. Die Geschichte des Kampfes um Troja hat **Homer** niedergeschrieben, die Helden und Krieger wurden von den Römern und Griechen in der *Antike* hoch verehrt.

Unabhängigkeitserklärung
Mit der »Declaration of Independence« wollten die 13 Staaten von Nordamerika am 4. Juli 1776 ihren Status als *Kolonien* abschütteln, ihre Unabhängigkeit von England und damit ihre Eigenständigkeit verkünden. In dem Dokument erklärten sie die wichtigste Grundlage der Menschenrechte: Alle Menschen sind gleich geschaffen und haben die gleichen Rechte – und dürfen deswegen nicht von einer anderen Staatsmacht unterdrückt werden.

Verfassung
Bezeichnet die gesetzliche Grundlage eines Staates. Darin sind zum Beispiel die Regierungsform und -organisation und die wichtigsten Rechte und Pflichten der Bürger geregelt.

Wiedergeburt
Der Überbegriff für die Vorstellung, dass ein (meist menschliches) Wesen nach seinem Tod in einer anderen Form in ein neues Leben zurückkehrt. Diese Vorstellung gibt es in unterschiedlichen *Philosophien* und Religionen in verschiedenen Ausprägungen.

Und auf diese bedeutenden Menschen könnt ihr euch im zweiten Biografien-Band freuen:

Wilhelm Conrad Röntgen	(1845–1923)
Thomas Alva Edison	(1847–1931)
Otto Lilienthal	(1848–1896)
Vincent van Gogh	(1853–1890)
Sigmund Freud	(1856–1939)
Theodor Herzl	(1860–1904)
Henry Ford	(1863–1947)
Wilbur und Orville Wright	(1867–1912 u. 1871–1948)
Marie Curie	(1867–1934)
Mohandas Karamchand Gandhi	(1869–1948)
Maria Montessori	(1870–1952)
Wladimir Iljitsch Lenin	(1870–1924)
Roald Amundsen	(1872–1928)
Konrad Adenauer	(1876–1967)
Lise Meitner	(1878–1968)
Albert Einstein	(1879–1955)
Pablo Picasso	(1881–1973)
Alexander Fleming	(1881–1955)
Coco Chanel	(1883–1971)
Franz Kafka	(1883–1924)
Le Corbusier	(1887–1965)
Mao Zedong	(1893–1976)
Bertolt Brecht	(1898–1956)
Walt Disney	(1901–1966)
Charles Lindbergh	(1902–1974)

Hannah Arendt	(1906–1975)
Astrid Lindgren	(1907–2002)
Frida Kahlo	(1907–1954)
Simone de Beauvoir	(1908–1986)
Konrad Zuse	(1910–1995)
Willy Brandt	(1913–1992)
Nelson Mandela	(1918–2013)
Hans Scholl und Sophie Scholl	(1918–1943 u. 1921–1943)
Hermann Gmeiner	(1919–1986)
Christiaan Barnard	(1922–2001)
Martin Luther King jr.	(1929–1968)
Anne Frank	(1929–1945)
Neil Armstrong	(1930–2012)
Michail Gorbatschow	(geb. 1931)
Elvis Presley	(1935–1977)
Muhammad Ali	(geb. 1942)
Steve Jobs	(1955–2011)
Tim Berners-Lee	(geb. 1955)
Bill Gates	(geb. 1955)
Madonna	(geb. 1958)
The Beatles	(1960–1970)
Joanne K. Rowling	(geb. 1965)
Mark Zuckerberg	(geb. 1984)
Felix Finkbeiner	(geb. 1997)
Malala Yousafzai	(geb. 1997)

Manfred Mai, 1949 im schwäbischen Winterlingen geboren, zählt zu den bedeutendsten Kinder- und Jugendbuchautoren Deutschlands. Er hat Geschichte, Politikwissenschaft und Deutsch studiert und war Lehrer, bevor er sich 1984 ganz für das Schreiben entschied. Seither sind rund 150 Bücher erschienen. Er ist verheiratet und hat zwei erwachsene Töchter.

Dieter Wiesmüller, geboren 1950 in Rotenburg, studierte Grafik, Malerei und Illustration in Hamburg. Er hat neben zahlreichen Umschlägen für Bücher viele Jahre Titelbilder für den »Spiegel« und den »Stern« illustriert sowie eigene Bilderbücher geschrieben und gezeichnet. Von 1982 bis 1992 war er als Lehrbeauftragter an der Hamburger Fachhochschule tätig. Dieter Wiesmüller lebt als freischaffender Künstler in Hamburg.

TULIPAN-Newsletter
Tolle Lesetipps kostenlos per E-Mail!
www.tulipan-verlag.de

1. Auflage 2014
Text: Manfred Mai
Bilder: Dieter Wiesmüller
Umschlaggestaltung: www.anettebeckmann.de
Layout und Satz: www.lenaellermann.de
Druckvorstufe: bildpunkt GmbH, Berlin
Druck: GGP Media GmbH, Pößneck
ISBN 978-3-86429-200-2